EGO VS JA

Dawid Piątkowski

EGO VS JA

ZMIENIAJĄC SIEBIE, ZMIENISZ PRZYSZŁOŚĆ.

Wydawca: Dawid Piątkowski

Tytuł oryginału:
Ego vs ja

Redakcja i korekta:
Mariusz Grygierczyk
Aleksandra Klement
Sylwester Karnuszewicz

Zdjęcie na skrzydełku:
toinspire.pl

Projekt graficzny, skład:
Łukasz Ociepka

Druk i oprawa:
PRINT GROUP Sp. z o.o.
ul. Cukrowa 22, 71-004 Szczecin
www.printgroup.pl

Podziękowania:

Mojemu przyjacielowi i mistrzowi Łukaszowi Ociepce. To przyjaźń zrodzona z pragnienia, by doświadczać i odkrywać, do czego tak naprawdę jesteśmy zdolni.

Szczególne podziękowania dla mojego mentora śp. dr. Jerzego Wielkoszyńskiego.

SPIS TREŚCI

EGO VS JA

UWIERZ. WALCZ. ZWYCIĘŻAJ!

Idea

Rzuć wyzwanie niemożliwemu, podejmując ryzyko stania się wybitnym. Udowodnij, na co Cię stać, przekraczając własne granice. Bij rekordy, by inspirować następne pokolenia. Musisz dać z siebie wszystko, by wykorzystać swoją szansę. Spraw, by Twoje życie stało się arcydziełem. Twórz swoją legendę. Masz jedno życie. To jest Twój czas.

— Dawid Piątkowski

Dla Sary

O czym jest ta książka?

Jeśli potrafisz o tym marzyć, to potrafisz także tego dokonać.

— Walt Disney

Autor opowiada historię swojego sukcesu, która przeplatana jest m.in. podróżami pełnymi szalonych doświadczeń, śmiercią najbliższego przyjaciela czy bankructwem finansowym ze szczęśliwym zakończeniem. Książka jest swego rodzaju autobiografią, jednak sam autor tak jej nie nazywa. Opowiada w niej doświadczenia, które ukształtowały jego osobowość. Pokazuje, jak uwolnić się z łańcuchów przeszłości pozbawionej wiary, pełnej wątpliwości i strachu. Udowadnia na własnym przykładzie, że realizowanie marzeń to kwestia wyboru. Natchniony wizją osiągania „niemożliwego", przedstawia nam świat nieograniczonych możliwości.

Czy uważasz za możliwe, żeby osiągnąć więcej w ciągu dwóch lat niż większość ludzi przez całe życie? Wyobraź sobie, że:

- możesz wybrać swoją osobowość
- w pełni kontrolujesz emocje
- nie przejmujesz się opinią innych ludzi

– odkrywasz swoje talenty i realizujesz je w pasjach
– z przyjemnością ciężko pracujesz
– realizujesz wszystkie swoje wizje
– wiedziesz życie spełnionych marzeń

i to wszystko w dwa lata.

Teraz rozgrywa się w Tobie wewnętrzna wojna. Ego – wewnętrzny głos – może Ci podpowiadać, że to niemożliwe, by z premedytacją realizować wszystkie marzenia. Jeżeli Twoja ciekawość zwycięży, bo gdzieś w głębi ducha czujesz, że musi być coś więcej niż „zwykłe życie" – ta książka jest dla Ciebie.

Przedmowa

Twój los kształtuje się w momentach podejmowania decyzji.

— Anthony Robbins

Gdy zaczynałem pisać tę książkę, towarzyszyła mi jedna myśl – zakończę ją, dopiero gdy osiągnę wystarczającą ilość sukcesów. Nawiasem mówiąc nie przypuszczałem, że tak szybko będę miał przyjemność ją opublikować. Żyjemy w czasach, w których ludziom się wydaje, że osiągnięcie bezwarunkowego szczęścia, spokoju ducha, pełnej kontroli nad emocjami, idealnego związku i kochającej rodziny to za mało, by powiedzieć: osiągnąłem sukces. Dlatego zawiesiłem sobie poprzeczkę znacznie wyżej, by udowodnić, że osiąganie znaczących celów jest możliwe również na innych polach.

Po napisaniu pierwszej książki – *Niemożliwe. Pokonaj Ego. Żyj bez granic,* która była pewnego rodzaju teorią, przepisem na życie – chciałem pójść o krok dalej i przejść do praktyki. Książka na pierwszy rzut oka może wyglądać na autobiografię, ale nie to było jej założeniem. Zamiast opowiadać niestworzone historie uznałem, że lepiej będzie, gdy podzielę się z Tobą swoimi doświadczeniami. Opisuję dzięki nim swoją drogę do sukcesu. Śmierć, bankructwa i szalone zdarzenia, o których piszę, są prawdziwe. W tym tomie pokazuję, jak ogromny wpływ mają na nas i naszą przyszłość pozornie nieistotne przeżycia. Jak jedna osoba czy przypadkowa sytuacja potrafi wywrócić do góry nogami nasze życie.

Po przebudzeniu ze „snu ego" wierzyłem, że osiąganie znaczących zamierzeń jest możliwe. Wierzyłem, iż wszystko jest możliwe, ale nie miałem dokonań, by to udowodnić na własnym przykładzie. Dziś wiem, że każdy ma w sobie moc, by wieść nadzwyczajne życie. Wiem, bo sam osiągnąłem wiele sukcesów. Wiem, bo zrealizowałem je świadomie i z premedytacją. Wierzę, że ta książka pomoże też Tobie to zrozumieć, a przede wszystkim pozwoli Ci uwierzyć w siebie.

Mam ogromną przyjemność i zaszczyt podzielić się z Tobą wskazówkami oraz moją drogą do sukcesu osobistego, duchowego i finansowego. Miłej lektury.

EGO

Pierwsze zapamiętane wakacje. Lipiec 1992.

1. Pierwsze nawyki

Sposób, w jaki mówimy do naszych dzieci, staje się ich wewnętrznym głosem.

— Peggy O'Mara

Czy zastanawiałeś się kiedykolwiek, dlaczego jesteś, jaki jesteś? Dlaczego masz akurat takie a nie inne cechy charakteru? Dlaczego osiągasz sukcesy albo nie? Dlaczego jesteś pewny siebie lub brak Ci tej cechy? Dlaczego błahe problemy potrafią wyprowadzić Cię z równowagi lub zachowujesz spokój? Dlaczego Twoje szczęście jest na takim a nie innym poziomie? Nie zdając sobie z tego sprawy – nieświadomie, przez przypadek – stałeś się sobą. Nie wybrałeś umyślnie swojej osobowości, nie kontrolujesz swoich emocji. Najlepszym dowodem na to jest fakt, że posiadasz nawyki, z którymi najchętniej byś się pożegnał, prawda? Jesteś nieświadomym zakładnikiem własnej przeszłości – ego.

Pierwsza sytuacja, która zmieniła moje zachowanie, to śmierć dziadka. Byłem wówczas młodym chłopcem. Cała rodzina zebrała się w naszym mieszkaniu, wszyscy płakali. Atmosfera była grobowa. Nikt się nie uśmiechał, nie opowiadał dowcipów, mimo że był to obowiązkowy punkt każdej imprezy rodzinnej. Jak się okazało, to nie była zwykła uroczystość, lecz stypa. Moja siostra płakała przy mnie, powtarzając: *Dawid, dziadek umarł...* Nie zdawałem sobie sprawy z powagi sytuacji. Nie wiedziałem, jak się zachować, bo nie żywiłem względem dziadka nadzwyczajnych uczuć. Patrząc na moją siostrę poczułem, że mnie też wypada uronić łzę. Wczułem się w rolę i już po chwili pojawił się płacz. Starałem się być autentyczny. Od pewnego momentu nie musiałem już grać – naprawdę czułem się źle. Gdy rodzice przyszli mnie uspokoić, znowu udawałem, ale wewnątrz czułem żal. Ludzie pocieszali mnie mówiąc, że dziadek jest w lepszym świecie. Zadałem sobie wtedy pytanie: *Dlaczego wszyscy płaczą, skoro dziadek już umarł i nic na to nie poradzimy? Przecież już go nie ma i nie będzie z nami, a przecież poszedł do lepszego świata...* Od tej pory gdy usłyszałem, że ktoś odszedł, czułem żal – automatycznie, bez refleksji, bez zastanowienia, niczym zdalnie włączające się światło w toaletach publicznych.

Już od najmłodszych lat „małpujemy" zachowania otaczających nas ludzi. W taki oto sposób wykształciłem w sobie jeden z pierwszych nawyków. Poczucie smutku w momencie, gdy ktoś odchodzi. Ciekawe, dlaczego nie przejmowałem się, gdy umierali obcy mi ludzie. Każdego dnia, na całym świecie spotyka to około sto pięćdziesiąt tysięcy osób. Obliczenia pokazują, iż co pół sekundy odchodzi jedna osoba. Dlaczego nie przejmowałem się, że ludzie byli mordowani czy konali z głodu? Nie wiem. Może dlatego, że nikt nie nauczył mnie zamartwiać się tym faktem?

Najważniejszą cechą miłości jest wolność.

— Anthony de Mello

Pamiętam, jak mając kilka lat, zacząłem odkrywać świat. Moja ciekawość była potężna: sprawdzałem, co jest za ulicą, lasem, torami kolejowymi, jeziorem... Mogłem bez końca podróżować po mieścinie. Moi koledzy nie mieli tak kolorowo jak ja. Zawsze musieli być na widoku. Ich poznawanie świata zaczynało się i kończyło przed blokiem, dlatego miałem głównie starszych znajomych. Ciągnęło mnie zawsze tam, gdzie była wolność. Największa przygoda, jaką przeżyłem mając sześć lat, to oddalenie się na rowerach dokładnie czternaście kilometrów od domu. Dobry wynik, biorąc pod uwagę fakt, że moi koledzy najdalej samodzielnie wybierali się do pobliskiego sklepu. To doświadczenie było tak ekscytujące, że pamiętam całą podróż, jakby odbyła się wczoraj. Było trochę niebezpiecznie, ponieważ przemieszczaliśmy się po drogach o dużym natężeniu ruchu. Musiałem radzić sobie z przeciwnościami losu, na przykład z przebitą oponą. Rewelacja! Wolność i zaufanie, którym obdarzyli mnie rodzice, dały mi niesamowitą pewność siebie, mimo że o tej wycieczce nie mieli pojęcia. Pokonując tak potężny dystans w tak młodym wieku, czułem się fenomenalnie. Ta wolność, branie odpowiedzialności za siebie i pokonywanie nowych barier sprawiło, że stałem się odważny. Wierzyłem w siebie. Czułem, że zawsze dam sobie radę.

Kilka miesięcy później pojechaliśmy z rodzicami na ferie zimowe do Zakopanego – miejscowości, oddalonej o kilkaset kilometrów od naszego województwa. Miałem wtedy prawie siedem lat. Spacerowaliśmy po ulicach miasta. Wszystko było dla mnie nowe oraz fascynujące. Zaprzęgi konne, restauracje i przede wszystkim ludzie. Zatrzymałem się na chwilę, bo moją uwagę przykuł piękny, biały koń – był ogromny. Na dodatek zrobił sporych rozmiarów kupę na moich oczach. Fascynujące! Nie potrafiłem się nadziwić. Czułem, jakby minęło kilka sekund od zatrzymania się, lecz czas płynął szybciej. Rozejrzałem się dookoła. Patrzę i nie wierzę. *Rodzice się zgubili!* Nie posiadaliśmy telefonów komórkowych. Zastanawiałem się, gdzie oni poszli. Przypomniało mi się, że tata wspominał o wywołaniu zdjęć. Poszedłem do kilku salonów fotograficznych – ani śladu. Stwierdziłem, że teraz oni mogą mnie szukać, więc wróciłem na miejsce, w którym ich ostatnio widziałem. Czekałem i nic. Zgubili się. Martwiłem się o nich. Nawet przez sekundę nie pomyślałem, by martwić się o siebie. Postanowiłem wrócić do hotelu. Do dziś nie mam pojęcia, jak udało mi się trafić, bo był oddalony o ponad pięć kilometrów, a tę trasę przejechałem tylko raz. Gdy dotarłem, usiadłem na schodach i płakałem. Podeszła do mnie recepcjonistka i zapytała, co się stało.

– Rodzice się zgubili…

Po kilku godzinach wrócili. Byli przerażeni. Cały czas szukali mnie po centrum. Najgorsze myśli chodziły im po głowie. Na szczęście, nieświadomie przygotowali mnie do tego typu przygód. Gdyby nie moja codzienna ciekawość świata, to doświadczenie mogło okazać się dla mnie traumatyczne. Mógłbym się zgubić lub w histerii wpaść pod samochód. Jednak odebrałem to doświadczenie jako rewelacyjną przygodę. Byłem z siebie dumny. Ta pewność została mi do dzisiaj.

Wiele osób nie zdaje sobie sprawy, jak ważne jest usamodzielnianie dzieci. Żyjemy w erze, w której rodzicie obsesyjnie kontrolują swoje pociechy. Uważają, że nie powinny wychodzić z domów ze względu na ruchliwe ulice. Traktują je, jakby były niepełnosprawne. Jak na ironię, przez chorobliwą kontrolę dzieci stają się niezaradne, bojaźliwe. Jednak to wina rodziców. Młodzi potrzebują wolności i zdobywania doświadczeń. To dzięki nim poznają świat, rozwijają się i adaptują do otaczającego świata. Zabierając samodzielność, zabijamy w nich kreatywność, pewność siebie oraz umiejętność rozwiązywania problemów.

Do każdego dziecka pasuje inny klucz i rolą wychowawcy jest go znaleźć.

— Barbara Ciwoniuk

Każdego roku w wakacje dostawałem najlepszy prezent od moich rodziców. Wysyłali mnie na miesiąc lub dwa na wieś do mojej kochanej babci Danieli i dziadka, by ode mnie odpocząć. Nigdy i nigdzie nie zaznałem tyle wolności co tam. Byłem mały, ale mogłem robić wszystko, na co miałem ochotę. Pewnego dnia, przeszukując szopy i baraki mojego dziadka, natknąłem się na ogromny skarb. Były to ubrudzone ziemią i zakurzone butelki po winie – setki butelek. Od razu zobaczyłem w nich potencjał. Pozwoliły mi zarobić kilka groszy na wymarzony walkman –

najlepszy i najdroższy w całej wsi. W związku z tym, że zdobycze były bardzo zanieczyszczone, musiałem znaleźć wspólnika. Długo nie szukałem – babcia pasowała idealnie na to stanowisko. Bez chwili wahania zadeklarowała pomoc. Jak sobie przypomnę staruszkę stojącą przy umywalce w kuchni, myjącą setki butelek wypełnionych do połowy ziemią, to łzy napływają mi do oczu. Moi rodzice byli zamożni i mogli kupić mi ten sprzęt. Jednak babcia wolała mi zrobić przyjemność i pomóc wykonać plan samodzielnego zarobienia pieniędzy.

Codziennie znosiłem ze strychu po kilkadziesiąt butelek, a ona bez słowa narzekania myła je, poświęcając mi kilka godzin każdego dnia. Ciągle jeździłem do miasta, żeby oddać je do skupu. Pani w sklepie po kilku dniach zaczęła się martwić i zapytała:

– Kto cię tak wykorzystuje, biedny chłopczyku?

– Zbieram na walkmana, nikt mnie nie wykorzystuje.

Zobaczyłem politowanie w oczach ekspedientki. Jej wyraz twarzy dawał do zrozumienia, że pochodzę z patologicznej rodziny.

Wieść szybko rozeszła się po wiosce, a moi dziadkowie zostali okrzyknięci alkoholikami i wykorzystującymi małe dzieci zwyrodnialcami. Jak to na każdej wsi, szare masy oceniają i krytykują innych. Z powodu niewinnej pomocy, cała okolica miała dobry powód do plotkowania. Gdy zapytałem babcię, dlaczego tak się dzieje, powiedziała, żebym się tym w ogóle nie przejmował. Wieśniacy nie mają co robić, dlatego wygadują głupoty. Okazała się nie tylko kochana, lecz przede wszystkim mądra. Zawsze

Wakacje na wsi w doborowym towarzystwie Ani i Merdka. Lipsko, sierpień 1992.

przejmowałem się komentarzami innych. Wystarczyła krótka rozmowa, żebym raz na zawsze pozbył się tego problemu. Przez następne kilka tygodni nadal wywoziłem butelki, by ostatecznie po miesiącu zakupić swój wymarzony produkt. Byłem najszczęśliwszym dzieckiem na świecie.

Podczas pobytu na wsi miałem przyjemność poznać urodziwą blond niewiastę. Miała piękne niebieskie oczy i była niczym anioł. Ubóstwiałem ją. Mieszkała w dużym domu, który znajdował się bezpośrednio za posiadłością dziadka. Pewnego dnia odważyłem się zaprosić ją na przejażdżkę rowerami. Miałem osiem lat, a ona była o rok młodsza. Z niewiadomego powodu zabrała ze sobą brata, który był pięciolatkiem. Razem wybraliśmy się na wycieczkę. Byłem bardzo podekscytowany. Starałem się ze wszystkich sił zrobić jak najlepsze wrażenie. Między innymi dlatego nie używałem rąk do kierowania rowerem. Popisywałem się jak tylko mogłem. Nie wziąłem pod uwagę, że droga, po której jechaliśmy, była dziurawa i nierówna. Kasia była tak olśniewająca, że nie potrafiłem odwrócić od niej wzroku. Podczas rozmowy zastanawiałem się, dlaczego ona patrzy na drogę. Za moment wylądowałem na twarzy, robiąc salto w przód. Koło zatrzymało się w miejscu, bo wjechałem w jakąś potężną dziurę. Młodszy brat zaczął bardzo głośno płakać, wręcz dostał ataku paniki. Moja miłość również szlochała. Wstałem i otrzepałem ubranie z kurzu udając, że wszystko jest w porządku. Nagle poczułem, jakby pot spływał mi po twarzy. Okazało się, że to krew. Dopiero po wytarciu swojej twarzy w koszulkę zrozumiałem, że coś jest nie tak. Gdy dotarłem do domu, zobaczyłem się w lustrze i poczułem szczypanie. Przy pięknej niewieście nie czułem bólu, bo mi nie wypadało, przecież byłem twardzielem...

Ta historia nie byłaby niezwykła, gdyby nie fakt, że zaraz po przyjściu do domu babcia powiedziała:

– Boże... Przed chwilą dzwonili rodzice. Prosili, żebyśmy zrobili zdjęcie do paszportu i jak najszybciej je wysłali.

Była załamana, ponieważ połowa mojej twarzy była zmasakrowana, lecz po chwili zaśmiała się. Powiedziała, że jak chcą zdjęcie – to je zrobimy. Następnego dnia nałożyła mi centymetrową warstwę pudru i poszliśmy do fotografa. O dziwo, rodzice po otrzymaniu zdjęć nie zorientowali się, że coś się stało. Fajne jest to, że cokolwiek się działo, babcia nigdy na mnie nie krzyknęła. Zawsze mnie rozumiała i wybaczała, nawet gdy robiłem największe głupoty.

Musiało minąć wiele lat, żebym zrozumiał, jak wiele dobra i miłości od Ciebie otrzymałem, droga babciu. Dzięki zaufaniu i wolności, którą mi dałaś, wyrosłem na pewnego siebie mężczyznę. Nie boję się podejmować ryzyka i mam kreatywne pomysły. Uważam, że w dużej mierze zawdzięczam to właśnie Tobie. Mogłaś powiedzieć, że nie będziesz myła starych, brudnych butelek, bo mam jakieś „widzimisię", zamiast tego pozwoliłaś mi rozwijać skrzydła. Nie oberwałem za nieodpowiedzialne zachowanie, tylko obróciłaś to w żart. Życie składa się właśnie z takich drobnych sytuacji, w których otaczający nas ludzie mogą dodawać nam skrzydeł lub je przycinać. Dziś, dzięki Tobie, mogę wznosić się naprawdę wysoko. Kocham Cię, babciu.

2. Trenerzy

Trzy rzeczy zostały z raju: gwiazdy, kwiaty i oczy dziecka.
— Dante Alighieri

Obóz tenisowy w górach – wszystko mi się tam podobało poza zachowaniem starszych kolegów, którzy mi dokuczali. Mimo to byłem twardy i nie dawałem sobą pomiatać. Wymagało to ogromnej determinacji, bo ich siła fizyczna znacznie przewyższała moją. Pewnego wieczoru wyszedłem ze starszymi obozowiczami poza hotel. Było już bardzo ciemno. Ponieważ nie byłem taki odważny jak reszta, chciałem wrócić wcześniej do pokoju. Gdy znalazłem się przy drzwiach wejściowych, zobaczyłem mojego trenera siedzącego na ławce.

– Dawid, chodź do mnie.

Podszedłem bez zastanowienia, bo bardzo lubiłem i szanowałem Kazimierza Listka. Przez dłuższą chwilę siedzieliśmy i rozmawialiśmy o życiu. Właściwie był to monolog, ponieważ zaciekawiony słuchałem trenera. Zawsze byłem dobrym słuchaczem i obserwatorem. W pewnym momencie trener spojrzał w górę. Nad nami rozciągało się rozgwieżdżone niebo. Czułem się tak, jakbym pierwszy raz patrzył w gwiazdy. Fenomenalny widok, wręcz mistyczny.

– Patrzyłeś kiedyś w gwiazdy?

– Nie – pokręciłem głową.

– Tata nie pokazywał ci gwiazd? Nie patrzyliście razem w niebo? – zdziwił się.

Zrobiło mi się smutno. Jego zdziwienie mieszało się ze współczuciem. Było to dla niego nienaturalne, dziwne i zaskakujące, że mój tata nigdy nie pokazał mi gwiazd.

– Przysuń się trochę do mnie. Spójrz, to jest Mały, a to Wielki Wóz – trener z pasją i nietypowym błyskiem w oku zaczął pokazywać mi świat, którego wcześniej nie dostrzegałem. Wiadomo, że patrzyłem w niebo, ale nigdy się nie przyglądałem.

– Teraz znajdujemy się na jednej z takich gwiazd. Niesamowite, prawda? Może ktoś pokazuje nas palcem gdzieś daleko, na innej planecie...

Odtąd już nigdy nie patrzyłem w górę z obojętnością. Zdałem sobie sprawę z potęgi otaczającego mnie świata. Wielu ludzi nie wie, że przypadkowe sytuacje kształtują osobowość. Zmieniają charaktery, od których z kolei zależy nasza przyszłość. Nawet taki banał, jak spojrzenie w rozgwieżdżone niebo nocą, może zmienić Cię nieodwracalnie. Doświadczenia mogą mieć pozytywne lub negatywne skutki. Trzeba mieć dużo szczęścia, by obcować z nieprzeciętnymi ludźmi. Osobami, które otwierają nam oczy na świat.

Człowiek rodzi się wolny, ale potem zewsząd krępują go łańcuchy.

— Jean-Jacques Rousseau

Gdy rozpocząłem przygodę z tenisem, zacząłem też regularnie wyjeżdżać na obozy sportowe. Zaznaczę, że akurat na tym wyjątkowym obozie byłem pod opieką innego trenera niż zazwyczaj.

Ledwo przyjechałem na miejsce, a już zakochałem się bez pamięci w Agnieszce. Wydawała się niesamowita, miała paraliżujące spojrzenie. A na dodatek była o rok starsza ode mnie. Przez równe dwa tygodnie czułem motyle w brzuchu. Uwielbialiśmy ze sobą przebywać. Było wspaniale. Gdy obóz dobiegł końca, wymieniliśmy się adresami – pisaliśmy listy miłosne. Dostałem od mojej ukochanej wiadomość, w której sto pięćdziesiąt razy napisała *Kocham Cię...* Zrodziła się między nami piękna, młodzieńcza miłość. Po roku spotkaliśmy się znowu, na kolejnym wyjeździe. Uczucie kwitło. Byłem bardzo młody i wstydziłem się pocałować moją miłość choćby w policzek. Było to bardzo niewinne i słodkie.

W połowie obozu jeden z trenerów zauważył, że kompletnie odleciałem. Cały wolny czas najchętniej spędzałbym z tą jedyną. Zabrał mnie na poważną rozmowę, której nigdy nie zapomnę:

– Co ty widzisz w tej dziewczynie? Przecież ona jest brzydka i ma nierówno pod sufitem. Zachowuje się jak gwiazda jest zwykłą szmatą.

Długo musiałem tego wysłuchiwać. Darzyłem go dużym szacunkiem i zawsze liczyłem się z jego zdaniem, dlatego bardzo poważnie brałem do siebie każde wypowiedziane przez niego słowo.

Od tej rozmowy wszystko się zmieniło. Zacząłem dostrzegać coraz więcej wad u Agnieszki, coraz bardziej oddalałem się od niej. W pewnym momencie umarła moja niewinna, młodzieńcza miłość do niej. Została zabita siłą słów. Po tym doświadczeniu już nigdy nie byłem zakochany w tak piękny i magiczny sposób. Nie potrafiłem wskrzesić tego uczucia.

Ludzie nie zdają sobie sprawy z mocy wypowiadanych słów. Tym bardziej, gdy są one kierowane do dzieci. Słowa mogą tworzyć i niszczyć, być niczym tsunami albo jak woda dla spragnionego.

Nie garb się! Nie rób z siebie idioty! Jak mogłeś dostać jedynkę? Bałaganiarz z ciebie! Jesteś nieodpowiedzialny! Ludzie nie zdają sobie sprawy, że umysł dziecka jest niczym gąbka. Wchłania wszystkie informacje. Dlatego nie należy skupiać się na tym, co dziecko robi źle i mu tego wypominać, ponieważ zaprogramujemy w jego głowie hasła: „garbienie się", „idiota", „niezaradność", „nieodpowiedzialność" czy też „bałagan".

Znacznie lepiej jest uczyć i uświadamiać najmłodszym, jakimi mogliby się stać, zamiast wytykać im błędy: *Miej wyprostowaną sylwetkę, bo buduje ona pewność siebie, Zachowuj się jak przystało na młodego człowieka, Pracuj ciężej, by następnym razem dostać piątkę, wierzę w ciebie, Proszę, byś zrobił porządek w pokoju, Musisz brać odpowiedzialność za siebie i innych, Wierzę, że ta sytuacja czegoś cię nauczyła.* Młody umysł koduje wówczas pozytywne wartości. Cechy, które pomogą mu osiągnąć to, czego wymagają od niego rodzice.

Słowa mają potężną siłę, ale dopiero wtedy, gdy w nie uwierzymy. Dlatego uważaj, jak zwracasz się do swojej pociechy, bo przypadkiem możesz zabić nie tylko jego pewność, motywację czy wolę samodoskonalenia, ale i zdeptać poczucie empatii, współczucie i miłość do drugiego człowieka.

3. Od zera do milionera

Jeżeli urodzisz się biedny, nie jest to Twoja wina. Ale jeżeli umrzesz biedny, to Twoja wina.

— Bill Gates

Zawsze uważałem, że zarabianie dużych pieniędzy jest czymś normalnym. Pamiętam z dzieciństwa, jak mój tata w krótkim czasie dorobił się okrągłej kwoty. Za miesięczny dochód firmy było go stać na zakup średniej klasy samochodu z salonu. Całkiem nieźle, biorąc pod uwagę, że większości osób zajmuje to od trzech do trzydziestu lat, w zależności od wynagrodzenia i kosztów stałych. Dlatego że nigdy nie byliśmy biedni, trudno mi sobie wyobrazić inny scenariusz. Moje podejście do tego tematu było proste. Gdyby coś poszło nie tak i stracilibyśmy wszystkie pieniądze, to oznaczałoby dla mnie, że nie kładę się już spać. Poświęcę się, dam z siebie wszystko, by wejść z powrotem na satysfakcjonujący mnie poziom finansowy. Było to tak naturalne jak oddychanie. Podobne podejście miałem do samego zarabiania. Często koledzy pytali mnie, jak zarobić więcej. Zawsze odpowiadałem *Wystarczy chcieć. Sposób się zawsze znajdzie.* Oczywistością jest, że takie podejście odziedziczyłem po tacie. Po prostu wiedziałem, że zawsze będę miał pieniądze, czułem to.

Różniłem się pod tym względem od moich rówieśników. Zdecydowana większość mówiła zawsze: *To nie takie proste. Pieniądze nie rosną na drzewach!* lub: *Tobie to się łatwo mówi, bo zawsze miałeś pieniądze.* Domyślasz się, skąd u moich rówieśników takie podejście? No tak... Wynieśli je z domu. Gdy rodzice ciągle zaciskają pasa, zamiast szukać dodatkowych środków do życia, tak to wtedy wygląda. Wszystko jest ciężkie, trudne lub niemożliwe. Zapomniałem o najważniejszym argumencie: Trzeba mieć szczęście! Najprościej zwalić winę na pecha, przypadek, Boga, byle tylko nie mieć pretensji do samego siebie.

Geneza wielomilionowego biznesu ojca jest bardzo ciekawa. Zanim doszedł do dużych pieniędzy, był bardzo biedny. Najlepiej ilustruje to fakt, że jako dziecko nigdy nie był na basenie. Wejścia na kąpieliska były darmowe, więc nie w tym sęk, że nie miał pieniędzy. Nie posiadał kąpielówek. Jakby tego było mało, to nie jedyny powód: miał tylko jedne majtki. Jedną, jedyną parę. Wstydził się w nich pokazywać publicznie. Dlatego nigdy nie nauczył się pływać. To wewnętrzne poczucie wstydu stworzyło w nim potężną wolę bycia bogatym, aby tego uniknąć w przyszłości. Już jako młody człowiek zdecydował, że będzie majętny. Tak bardzo nienawidził ubóstwa, którego doświadczył, że robił niemal wszystko, żeby ani on, ani jego dzieci już przez to nie przechodziły. Zawsze wybierał takie zawody, które były dochodowe. Był m.in. barmanem, taksówkarzem, ratownikiem górnictwa czy handlarzem.

Z biegiem lat mógł sobie pozwolić na coraz więcej. Lepsze samochody, ubrania, dom... Ludzie dookoła nie potrafili tego pojąć. *Jak ten Mareczek mógł dojść do takich pieniędzy?* Nikt tego nie rozumiał, ponieważ nie wiedzieli, jak mój tata ciężko harował, podczas gdy inni odpoczywali po ośmiu godzinach pracy.

Tata opowiadał mi o swoim najbardziej pracowitym roku i dniu w życiu. Zacznę od zabieganej doby. O godzinie 21:00 wyszedł do pracy w kopalni. Rozpoczął zmianę o 22:00 i spędził tam osiem godzin, pracując fizycznie. Następnie wsiadł do taksówki, którą przez siedemnaście godzin rozwoził klientów. Był to czas bardzo dobrych zarobków kierowców, dlatego nie odpuszczał. Pech chciał, że o godzinie 23:00 złapał kurs do Krakowa, oddalonego o sto kilometrów od domu. Był wtedy po dwudziestu sześciu godzinach ciągłej pracy. Miał ogromny dylemat, czy wziąć ten kurs, bo oczy same mu się zamykały. Był wrakiem człowieka. Długo jednak nie rozmyślał. Wziął. W domu pojawił się dopiero o 3:00 nad ranem. Podliczając, spędził równo trzydzieści godzin w pracy, a na nogach był od trzydziestu sześciu.

Najcięższym rokiem dla taty był ten, w którym rozwijał własny biznes. Pracował przez ponad dziewięć miesięcy nieustannie po dwadzieścia jeden godzin dziennie. Kładł się spać o 22:00, a wstawał o 1:00. Spał po sto osiemdziesiąt minut dziennie przez ponad dziewięć miesięcy! Ostatni dzień tej harówki pamiętał bardzo dobrze.

– Serce zaczęło mi mocno bić. Myślałem, że w każdej chwili mogę dostać zawału.

Przestraszył się bardzo, czuł, jakby serce zaraz miało odmówić mu posłuszeństwa. Zatrudnił kierowcę, by móc trochę zwolnić. Dzięki temu posunięciu spał już siedem godzin na dobę. Resztę dnia nadal zajmowała praca, praca i jeszcze raz praca. Gdy spytałem tatę, co było kluczem do jego sukcesu finansowego, powiedział:

– Od zawsze wiedziałem, że będę bogaty. Wiedziałem to, już gdy byłem bardzo młody.

Poczucie wstydu z dzieciństwa nieświadomie zrodziło w nim potężną wolę, by nigdy więcej nie musiał przeżywać upokorzeń i, przede wszystkim, by jego dzieci nie musiały doświadczyć tego samego co on. Dzięki pracowitości zrealizował swoje największe marzenie: ma własną restaurację z hotelem. W jego przypadku trudne warunki paradoksalnie spowodowały, że stał się bardzo pracowity. Dzięki temu osiągnął sukces.

Gdybyś rozwijał się wśród wybitnych sportowców, takich jak Roger Federer, Michael Jordan czy Cristiano Ronaldo, to wiedziałbyś pewnie, że bycie najlepszym sportowcem na świecie jest możliwe. Nikt nie musiałby Cię do tego przekonywać. Gdyby Twoimi rodzicami byli np. Albert Einstein czy Leonardo da Vinci, wiedziałbyś, że tylko wyobraźnia Cię ogranicza. Każda wizja czy marzenie są możliwe do zrealizowania. Jeśli wychowywaliby Cię miliarderzy, wiedziałbyś doskonale, że możliwe jest zarabianie olbrzymich pieniędzy. Byłoby to normalne dla Ciebie i nie wyobrażałbyś sobie, by mogło być inaczej. W przypadku gdybyś wychował się w ubóstwie, potrzebowałbyś silnego impulsu, by pójść pod prąd, na przekór wszystkim dookoła.

Wielu moich przyjaciół nie wierzy w siebie. Uważają za szczyt możliwości zarabianie pięciu tysięcy miesięcznie. „W nagrodę" za ograniczenia, które sami na siebie nakładają, przestają się rozwijać, szukać dodatkowych środków. Męczy ich brak motywacji. Są nieświadomi faktu, że wystarczy bardzo chcieć i ciężko pracować, by być zamożnym. Nie otaczali się na co dzień ludźmi sukcesu, dlatego uważają bycie majętnym za niemożliwe.

4. Wypadek

Gromadzimy zapasy myśli na wypadek paniki.

— Wiesław Brudziński

Jako nastolatek, gdy wygrałem finałowy mecz w ogólnokrajowym turnieju, byłem bardzo dumny z siebie. Po zwycięstwie wracaliśmy z tatą do domu. Pasy bezpieczeństwa w samochodzie służyły nam po to, by w razie potrzeby kawałek je odchylić, żeby nie zapłacić mandatu. Jadąc z prędkością ponad sto kilometrów na godzinę słabo oświetlonym łukiem dwupasmówki, wypadliśmy z drogi. Kręciliśmy bączek za bączkiem. Sekundy wydawały mi się całą wiecznością. Przeciążenia były tak duże, że traciłem oddech. Wpadliśmy do rowu, mijając samochody i drzewa o centymetry. Usłyszałem okropny huk. Jakby granat pod nami wybuchł.

Zatrzymaliśmy się. Okna w samochodzie były powybijane. Brakowało jednego koła – gdzieś pofrunęło przy uderzeniu. Ledwo mogłem złapać oddech, bo uszkodziłem mostek. Myślałem, że mam połamane żebra. Ledwo się zatrzymaliśmy, usłyszałem pytanie taty:

– Czy wszystko w porządku?

Nie zapomnę mojej reakcji. Po chwili czułem się już dobrze, nic mi nie dolegało, ale usłyszałem wewnętrzny głos, który szeptał: *Jak powinienem się teraz zachować?* Z jednej strony wszystko było w porządku, ale z drugiej coś mówiło mi: *Mogłeś przed chwilą zginąć. On mógł cię zabić!* W tym momencie straciłem kompletnie panowanie nad sobą.

– Mogłeś nas zabić! Jesteś popierdolony! – wyzywałem mojego tatę bez końca.

Najlepsze jest to, że nie zachowałem się tak automatycznie. Wydawało mi się, że wypada w tej sytuacji wpaść w furię. Czułem się usprawiedliwiony. W pewnym momencie odleciałem całkowicie. Wymuszone opętanie zmieniło się w coś autentycznego. Po chwili tata otworzył bagażnik i wyjął moją torbę z rakietami do tenisa.

– Idziemy. Szybko!

W międzyczasie zatrzymali się świadkowie wypadku:

– Wszystko w porządku? Nic wam nie jest? Zadzwonić na pogotowie?

– Nie, nie trzeba!

Ojciec kazał mi w pośpiechu opuścić miejsce zdarzenia. Ciągle krzyczałem i wyzywałem go. Tłumaczył, że idziemy po taksówkę. Niecałe dwa kilometry dalej był mały dworzec kolejowy.

– Dlaczego idziemy tak prędko?

– Bo mama zrobiła kolację...

Trochę mnie to dziwiło, bo to nie powód, by prawie biec po ciemku poboczem dwupasmowej drogi. Dochodzimy do dworca. Jedna, jedyna taksówka na horyzoncie. Podchodzimy i tata zaczyna rozmowę.

– Zawiezie nas pan do domu?

– A daleko trzeba jechać?

– Piętnaście kilometrów.

– Eee... Daleko. Kończę już zmianę. Tak daleko nie jadę.

Tata proponuje taksówkarzowi potrójną stawkę za kurs. Taksówkarz odmawia. Pięciokrotną stawkę. Taksówkarz odmawia.

– Czy pana popierdoliło? Z dzieckiem chcę wrócić do domu, a pan jest jak dupa od srania, żeby nas zawieźć!

Po tym zdaniu taksówkarz nie myślał długo, co powiedzieć:

– Spierdalaj pan! – zamknął szybę i odjechał.

Gdy po kilku godzinach wróciliśmy do domu, o wszystkim opowiedziałem mamie. Płakałem i przeżywałem fakt, że mogłem zginąć. Kiedy emocje opadły, zadałem sobie pytanie: *Dlaczego tak się zachowałem?* Przecież nie czułem żalu do taty. Dlaczego do tego stopnia straciłem kontrolę nad sobą, skoro wyszliśmy z tego cało i gdzieś głęboko czułem, że jest wszystko dobrze? Wtedy nie potrafiłem na to pytanie odpowiedzieć. Po prostu uznałem, że tak wypada. Zamiast radości z powodu tego, że nikomu nic się nie stało, czułem żal do taty, udając przy okazji poszkodowanego i zestresowanego.

Ta sytuacja nie wpłynęła pozytywnie na relacje z ojcem. Przekroczyłem niewidzialną linię, która w następnych latach zaowocowała nieprzemyślanym i nieeleganckim zachowaniem wobec niego. Najpierw mówiłem, a dopiero potem myślałem. Doprowadziło to do obniżenia autorytetu taty w moich oczach oraz do wielu niepotrzebnych i nic niewnoszących kłótni. Nasz kontakt był z roku na rok coraz gorszy.

Ego pomiatało mną na lewo i prawo. Jako młody i nieświadomy człowiek nie potrafiłem porozmawiać ze sobą. Rzucałem słowa bez zastanowienia. Strzelałem nimi jak z karabinu, ignorując skutki. Nie kontrolowałem emocji. Byłem jak marionetka sterowana przez doświadczenia życiowe.

5. Depresja

Ludzka odporność na stres przypomina łodygę bambusa: na pierwszy rzut oka nikt nie dałby wiary, jak bardzo jest elastyczna.

— Jodi Picoult

Tata zawsze był bardzo rodzinnym człowiekiem. Bez wahania oddałby życie za nas. Mimo całej palety zalet, posiadał również wady, które mi nie przeszkadzały, za to mamie bardzo. Lubił towarzystwo i dobrą zabawę. Delikatnie rzecz ujmując, nadużywał cierpliwości żony.

Mama nigdy nie miała lekko. Życie nieustannie wystawiało ją na próbę. Już jako dziecko musiała zmagać się z potężnymi problemami. Jej tata był alkoholikiem. Bił i znęcał się psychicznie nad córką i żoną. Szczegóły są bardzo niesmaczne. Traumatyczne dzieciństwo odbiło się na jej przyszłości. Co prawda nie znęcała się nade mną ani nad moją siostrą, ale negatywne emocje musiały gdzieś uchodzić. Osobą, na której najbardziej odbiły się wszystkie frustracje i demony przeszłości, był mąż, choć on także nie był ideałem. Lubił prowadzić rozrywkowe życie. Często imprezował do samego rana, nie odbierając telefonów, nie dając żadnych oznak życia. Wpływało to na mamę destrukcyjnie. Jego powrotom zawsze towarzyszyły awantury. Agresywne zachowania, wyzwiska i bijatyki były normą. Niewiele pamiętam z dzieciństwa, jednak niektórych sytuacji nie sposób zapomnieć. Sam niejednokrotnie zostałem poturbowany, chcąc rozdzielić moich rodziców. Talerze się tłukły, drzwi wylatywały z futryn, zdarzały się też agresywne kłótnie z nożem w ręku. Nic dobrego. Mama wyraźnie nie radziła sobie z własnym ego. Doświadczenia z przeszłości powodowały, że była doskonałą matką, ale nie najlepszą żoną. Trwało to całymi latami. Nikt nie był w stanie uleczyć jej depresji.

Podczas jednego wieczoru z serii „oczekiwanie na męża", mama otworzyła wino. Obudziła mnie głośna muzyka. Była druga w nocy i domyśliłem się, o co chodzi. Pewnie tata nie wrócił z pracy... Pomyślałem, że zejdę do mamy porozmawiać. Na schodach słyszałem jej szloch. Gdy wszedłem do salonu, zobaczyłem bardzo nieszczęśliwą kobietę, mającą wszystkiego dość.

Tej nocy pierwszy raz otworzyła się przede mną. Jakby uznała, że dojrzałem do tego. Miałem wtedy szesnaście lat. Wróciła pamięcią do swojego dzieciństwa. Nie mogłem uwierzyć w tę historię. Z każdym wypowiedzianym zdaniem coraz bardziej doceniałem swój dom. Wcześniej myślałem, że jesteśmy rodziną patologiczną. Okazało się jednak, że może być znacznie gorzej. Łzy jak grochy spływały po twarzy mamy. Kolejne usłyszane historie sprawiały, że stawałem się coraz bardziej dorosły. Jej opowieści były niezwykle szczegółowe. Miałem wrażenie, że doświadczam ich na własnej skórze.

Zbliżała się piąta nad ranem. Poznawałem coraz więcej pikantnych szczegółów. Niestety, zwierzenia nie uzdrawiały mamy. W pewnym momencie nastała chwila ciszy. Spojrzała na mnie wzrokiem trudnym do opisania. Trzymając się za gardło powiedziała:

– Duszę się. Nie chce mi się żyć.

Powaga, z jaką wypowiedziała te słowa, wprawiła mnie w dreszcze. Robiłem co mogłem, by poprawić mamie humor, lecz wszystko na nic. To nie była zła dyspozycja wywołana wpływem chwili, tylko efekt wieloletnich cierpień duszy.

Podczas jednej z takich rozmów postanowiliśmy dodzwonić się do taty. Po którejś z kolei próbie, w środku nocy, odebrał. Telefon był nastawiony na tryb głośnomówiący.

– Gdzie ty jesteś?! – wykrzyczała mama.

– W krainie baśni i bajek...

Po tym tekście tata rozłączył się i wyłączył telefon. Śmiałem się wniebogłosy. Cóż za idealne wyczucie momentu z jego strony. Poczucie humoru na najwyższym poziomie. Mamie z początku nie było jednak wesoło. Widziałem, jak buzują w niej negatywne emocje. Była wściekła. Z jednej strony rozumiałem ją. Miała ciężkie doświadczenia w dzieciństwie, dlatego reagowała na wybryki taty bardzo emocjonalnie. W moich oczach była usprawiedliwiona. Wielogodzinne rozmowy bardzo nas zbliżyły do siebie, a coraz bardziej oddalały od taty.

Te zdarzenia odmieniły mnie wewnętrznie. Doceniłem spokój, który panował w domu. Inaczej zacząłem też postrzegać mamę. Już nigdy nie patrzyłem na nią bez zrozumienia. Od tej pory każde jej zachowanie było usprawiedliwione.

Uświadomiłem sobie, że pod skórą skrywamy dusze. Nie warto oceniać drugiego człowieka. Każdy nosi w sobie wiele tajemnic i śladów przeszłości. Coś we mnie pękło. Coś nowego się utworzyło. Zaczynałem dojrzewać.

Zabawne, jak w jednej chwili możemy zmienić o kimś zdanie. Ludzie lubią krytykować i oceniać innych, nie znając całej historii. Nieświadome masy nie wiedzą, czym jest zasada przyczyny i skutku. Koncentrują się na następstwach, nie zdając sobie sprawy, że istnieje przyczyna nieodpowiednich zachowań. Nie wiedzą, że jeśli ktoś krzywdzi innych, to najprawdopodobniej sam był gnębiony za młodu. Jak delikwent molestuje czy gwałci, to sam mógł przeżyć traumę. Każde zachowanie z czegoś wynika. Brak zrozumienia, niewiedza, nieświadomość...

6. Szkoła przeciętności

Standardowa edukacja zapewni ci przeżycie.
Samodoskonalenie – fortunę.

— Aleksandr Karelin

Idę do szkoły, mimo że jej nie lubię. Nie zastanawiam się, czy efektywnie spędzam w niej czas. Po prostu idę jak tłuk pancerny. Wczoraj dostałem jakieś zadanie domowe, ale go nie odrobiłem. Byłem bardzo zajęty grami komputerowymi. Czekam przed klasą na nauczycielkę. Odrabiam zadanie domowe na kolanie. Moi rówieśnicy wygłupiają się, przeklinają, obrażają się wzajemnie. Zaczyna się lekcja. Siadam na końcu klasy. Lubię mieć widok na całą salę i jednocześnie nie rzucać się w oczy. Nie wychylam się, żeby nie zostać wybranym do odpowiedzi. Nic nie umiem, bo nawet nie chcę umieć. Nie widzę najmniejszego powodu, by być skupionym. *Po co? Dla ocen? Nie zależy mi.*

Nauczycielka robi niezapowiedzianą klasówkę z treści zadania domowego. Super. Na szczęście dobrze siedzę. Podaje nam pięć pytań. Nie mam zielonego pojęcia, o czym do nas mówi. Otwieram podręcznik pod ławką.

Czuję dreszczyk emocji, lekki stres. Nie wiem, czy na mnie patrzy. Nie ruszam się, żeby nie myślała, że coś kombinuję. Ściągam, ile wlezie. Przepisuję słowo w słowo tekst z podręcznika. Wszystko napisałem. Udało się! Płynnie chowam podręcznik do plecaka. Nie mogę dać ciała – przecież już skończyłem. Wszystko przebiega doskonale. Następnego dnia dowiaduję się, że dostałem czwórkę z plusem.

– Dlaczego? Jak to? – idę wykłócać się do nauczycielki – Przecież napisałem wszystko! Lepiej się nie da, niż wyryć na pamięć.

Nauczycielka twierdzi, że wszystko było dobrze, ale pominąłem jedną informację. Udaję smutnego.

– Tyle się uczyłem i taki prosty błąd. Szkoda...

Skuliłem głowę i wracam do ławki. Śmieję się na myśl, że część klasy uczyła się, odrobiła zadanie, a ma gorsze oceny. Czuję jeszcze większą dumę. Reszta dnia w szkole przebiega podobnie. Niczego się nie nauczyłem, sześć godzin lekcyjnych zmarnowane. Wracam do domu. Chwalę się mamie, że wszystko ściągnąłem i przyniosłem dobre oceny. Mama niezadowolona kręci głową.

– Musisz się uczyć, żeby coś wiedzieć o tym świecie.

– Ale ja nie lubię szkoły. Niczego ciekawego tam nie uczą.

– Żeby dostać się kiedyś na dobrą uczelnię, musisz mieć dobre oceny i wiedzę. Inaczej nigdzie cię nie przyjmą.

Miałem to w nosie.

– Co ja się będę martwił o to, co będzie za trzy, pięć czy dziesięć lat...

Nigdy nie pozwoliłem szkole stanąć na drodze mojej edukacji.

— Mark Twain

W takim stylu przebrnąłem całą szkołę – byle zdać. Dwanaście lat chodziłem tam na marne. Nic nie pamiętam z tamtych czasów. Gdyby ktoś zapytał mnie, czego nauczyłem się podczas mojej „edukacji", nie wiedziałbym, co odpowiedzieć, bo nie dowiedziałem się niczego konkretnego. Chociaż, przepraszam. Czegoś się nauczyłem – kombinowania, kłamania i ściągania. Nic więcej bym nie powiedział o trzynastu i pół tysiącu godzin w szkole. Jak można nic nie wiedzieć po takim czasie? NIC! Nie byłem wyjątkiem. Wielu moich kolegów również nic nie wyniosło, ewentualnie jakieś śmieszne momenty lub fragmenty z ulubionych przedmiotów. To miała być edukacja? To miało mnie przygotować do życia? Takie marnowanie czasu jest obowiązkowe? To jakiś żart.

Z czasów szkolnych pamiętam masę głupot. Wiedza i umiejętności praktyczne są bliskie zera. Tylko nieliczni nauczyciele wnieśli cokolwiek do mojego życia. Potrafili zarazić uczniów swoją pasją, byli autorytetami. Wymyślałem historię, by dostać dobry stopień, dawałem kwiaty, by dostać promocję do wyższej klasy. Nie byłem jedyny – wszyscy tak robili. W jaki sposób zdałem test gimnazjalny, a następnie maturę – nie mam pojęcia.

Poziom nauczania w szkołach jest na żałosnym poziomie. Nie wynosimy ze szkoły żadnych praktycznych umiejętności – to smutne. Tym bardziej, że obowiązkiem jest do niej chodzić. Wbijają dzieciom do głowy, iż tak trzeba, żeby później znaleźć pracę. Po co w ogóle szukać pracy? Mam się uczyć przez dwanaście lub szesnaście lat, żeby być dobrze wykwalifikowanym pracownikiem – pracować u kogoś, spełniać czyjeś wizje i marzenia? Przepraszam bardzo, ale to ja chcę tworzyć. Chcę zatrudniać, a nie być zatrudnianym. Proszenie się o pracę i modlitwa o przedłużenie umowy – to nie dla mnie. Z tego powodu postanowiłem, że nie będę uczył się dalej w tradycyjnej szkole. Dzięki tej decyzji otworzyłem sobie drzwi do samodoskonalenia, rozwijania moich pasji i talentów. Dopiero gdy wyszedłem ze szkoły, rozpoczęła się moja edukacja. Zacząłem pochłaniać wiedzę jak narkoman. W końcu mogłem uczyć się tylko o umyśle, psychologii i sporcie. Dwie wąskie dziedziny – ściśle ze sobą powiązane.

Odrywając się od utartych szlaków masz możliwość robienia tego, co lubisz. Robiąc to co kochasz, będziesz chciał się rozwijać. Z czasem przyjdzie satysfakcjonujące wynagrodzenie. Szkoły nie dbają o Twoją indywidualność i samodoskonalenie. Większość z nich to fabryki przeciętności. Chcesz być przeciętny? Podążaj za większością. Chcesz być wyjątkowy? Podążaj za marzeniami i głosem serca.

7. Egzamin

Był – jak się wyraził w jednym z wywiadów prasowych – nerwowy jak sanki jesienią.

— Michal Viewegh

Odkąd mój tata dał mi poprowadzić samochód, gdy miałem zaledwie pięć lat i siedziałem na jego kolanach, pragnąłem całym sercem prowadzić własny pojazd. Poczucie kontroli nad ogromną maszyną było dla mnie zupełnym odlotem. Do tego ta prędkość – trzydzieści kilometrów na godzinę. Dreszcze mnie przechodziły na samą myśl. Niemal za każdy razem gdy gdzieś jechaliśmy, prosiłem ojca, by dał mi kierować. Nie zdarzało się to zbyt często – zawsze coś przeszkadzało. A to się śpieszyliśmy, a to policja... Rozpoczęło się więc obsesyjne oczekiwanie na kurs nauki jazdy.

Wreszcie, po kilku symbolicznych przejażdżkach na kursie, nastąpił dzień egzaminu. Wówczas miało się zmienić moje życie. Przed wejściem do sali egzaminacyjnej panowała nerwowa atmosfera. Wszyscy powtarzali materiał, by nie oblać. Ja nie. Odpowiedzi wykułem na pamięć. Na test powinienem przeznaczyć osiemnaście minut.

Skończyłem go dokładnie po dwóch minutach. Minutę zajęło mi odpowiadanie na pytania, a kolejna chwila starczyła na sprawdzenie siebie. Zdałem bezbłędnie. Mimo iż byłem pewny, że się udało, bałem się wcisnąć klawisz „Zakończ". Stres okazał się bez sensu.

Czas na przystąpienie do praktycznej części egzaminu. Emocje sięgają zenitu – byłem siódmy w kolejce. Pierwsze trzy osoby oblały. Spanikowały, popełniły drobny błąd. *Do widzenia!* Następna osoba dała radę. Kolejne dwie – nie. Statystyka jest na moją niekorzyść. Stresuję się. Minusowa temperatura na zewnątrz nie pomaga. Trzęsę się jak galareta. Nie wiem, czy to z mrozu, czy ze strachu.

– Zapraszam pana Piątkowskiego!

– Już idę!

Serce mi przyśpiesza, zapominam, jak bardzo mi zimno. Wsiadam do samochodu na placu manewrowym. Nogi drżą mi do tego stopnia, że mam problem, aby wyczuć pedały gazu i sprzęgła. Biorę dwa głębokie wdechy. Staram się uspokoić i skoncentrować na wyznaczonych zadaniach. Mogę popełnić tylko jeden błąd przy każdym zadaniu. Dwie pomyłki i do widzenia! Nogi jeszcze bardziej mi wariują. Zero kontroli nad nimi. Biorę kolejny wdech. *Zaczynamy.*

Ledwo ruszyłem i już błąd. *Ja pieprzę! No nie...* Moje zmysły samoczynnie się wyostrzają, jestem skupiony jak nigdy wcześniej w moim życiu. Drugie podejście – udane. *Uff...*

Serce bije tak szybko, że aż je słyszę. Kolejne dwa zadania – udało mi się. Po jednym błędzie w każdym. Jestem bardzo szczęśliwy. Została część praktyczna, w ruchu ulicznym. Doświadczenie na drodze miałem duże. Czasami tata pozwalał mi jeździć, a czasem sam podkradałem samochód. Łącznie pokonałem kilkaset kilometrów i radziłem sobie całkiem dobrze. Jednak podczas jazdy na mieście nadal nie panowałem nad nogami. Popełniłem wszystkie możliwe błędy. Na szczęście każdy tylko raz. Zdałem! Euforia, błogostan! Cieszę się jak nigdy dotąd. Jeszcze nie wsiadłem do samochodu, a już czuję wolność i niezależność. Wspaniałe uczucie.

Nie nacieszyłem się długo prawem jazdy, bo już po niecałym roku odebrano mi je za złamanie chyba wszystkich możliwych przepisów. Uwielbiałem szybką jazdę... Co mogłem na to poradzić? Następny egzamin zdałem w podobnym stylu.

Stres – marnowanie czasu, który można by poświęcić na drzemkę.

— Helen Brown

Po wszystkim pytałem moich kolegów, czy mieli podobne doświadczenia. Ku mojemu zdziwieniu nie stresowali się aż tak bardzo. Czuli podenerwowanie, ale znacznie mniejsze. Dlaczego tak zareagowałem podczas egzaminu? Przecież potrafiłem jeździć! Doszedłem do wniosku, że obsesyjna wola posiadania prawa jazdy była główną przyczyną mojego zachowania. Za to silne pragnienie bycia kierowcą odpowiedzialny był mój tata, który pozwolił mi prowadzić auto w wieku pięciu lat. Te doświadczenia spowodowały, że nie potrafiłem zapanować nad sobą. Stworzyły we mnie potężne pragnienie, które mnie paraliżowało. Jak to jest, że nie potrafiłem zapanować nad emocjami? Przecież moje Ja umie nad sobą zapanować! Guzik prawda. Wtedy jeszcze nie byłem świadomy, tylko w pełni nieświadomy. Sterowało mną ego. A dlaczego moi koledzy nie stresowali się tak bardzo? Mieli inne doświadczenia. Sterowało nimi inne ego niż moje.

Zauważyliście, że każdy jadący wolniej od nas to palant, a szybciej – szaleniec?

— George Carlin

Jeżdżąc z moim tatą na turnieje tenisowe, naoglądałem się wielu sytuacji i reakcji ludzi na drodze. Razem przebyliśmy ponad pięćdziesiąt tysięcy kilometrów – większą część Europy. Tata był przeważnie spokojny w roli kierowcy. Miał na swoim koncie sporo wypadków, takich jak dachowanie, zderzenie czołowe z tramwajem oraz wiele innych. Niełatwo było wyprowadzić go z równowagi. Byle błahostka nie wystarczyła. Jednak spędziliśmy razem w samochodzie dużo czasu i widziałem sytuacje, w których nie wytrzymywał napięcia. *Co za baran! Jak jeździsz, idioto? Co za...!* Z kimkolwiek jeździłem, zawsze wyglądało to identycznie. Różnica między kierowcami tkwiła tylko w sile niekontrolowanych wybuchów agresji. Każdy uczestnik ruchu drogowego, niezależnie od płci, narodowości i wieku się wkurza. Jednych wyprowadzały z równowagi drobiazgi, innych tylko naprawdę niebezpieczne sytuacje.

Gdy zacząłem prowadzić, reagowałem na pomyłki kierowców jak wszyscy: ogarniała mnie złość, rzucałem wyzwiska. Każdy pasażer reagował inaczej na sytuacje na drodze. Czasami kierowca nie popełniał błędu, a mój pasażer wybuchał. Ja nie czułem absolutnie nic, zero złości. Gdy zacząłem to analizować, doszedłem do wniosku, że reagowałem prawie identycznie jak mój ojciec. Dopiero skrajne sytuacje powodowały niekontrolowane ataki złości. Przyczyny błędów są różne, ale wszystkie mają jedną wspólną cechę: są ludzkie. Jak to jest, że każdy inaczej reaguje w podobnej sytuacji na drodze? Każdy miał inne wzorce, których nauczył się nieświadomie i powtarza je niczym papuga. Bez przemyślenia, bez analizy. Akcja? Reakcja! Jak zwierzęta.

Nieświadomi ludzie są sterowani przez ego. Reagują automatycznie na świat, który ich otacza. Nie zdają sobie sprawy, że kompletnie nad sobą nie panują. Kierują nimi doświadczenia, które ukształtowały w nich automatyczne reakcje we wszystkich sytuacjach życiowych. Emocje, myśli i podejmowane działania są skutkiem ich doświadczeń. Nie zastanawiają się, jak zareagować, zanim podejmą działanie. Nie panują w pełni nad sobą. Steruje nimi ego.

8. Niewinny

Nigdy nie należy wydawać sądu o rzeczy na podstawie karykatury, którą z niej uczyniono.

— Mikołaj Gogol

Siedzę sobie wygodnie w domu, jestem między jednym a drugim treningiem, dlatego mam założony dres – to istotny szczegół. Czekam na obiad. Nagle dzwoni telefon – mój znajomy.

– Dawid... Policja mnie zatrzymała, a nie mam prawa jazdy. Przyjechałbyś przestawić moje auto? Pytam z ciekawości:

– A jesteś sam czy z kimś?

– Jestem z moją dupą.

Mówił tak miło o swoich prostytutkach, których był – nazwijmy to – ochroniarzem. Niedawno wpadł na ten „superinteligentny" biznes. Byłem mu winny przysługę. Bardzo mi się nie chce – ale jadę. Była godzina szczytu, także nawet nie miałem jak przyśpieszyć. Jadę kulturalnie, ponieważ zatrzymali go zaledwie dziesięć minut od mojego domu. Zostało mi dokładnie tysiąc dwieście metrów do celu – zwalniam, bo mam do pokonania nierówny przejazd kolejowy. Przede mną – dwa samochody z lat osiemdziesiątych. Po przejechaniu przez tory widzę, że nic nie nadjeżdża z naprzeciwka. Zaczynam wyprzedzać rozpędzające się zabytki. Nagle zza krzaków wybiega policjant. Nie jestem pewien, czy chodzi o moje zachowanie, bo jechałem czterdziestką, a dopuszczalna prędkość w tym miejscu to pięćdziesiąt na godzinę. *Po co miałby mnie zatrzymywać?* Patrzę w lusterko – policjant, tak szybko jak wybiegł, tak samo wrócił do radiowozu. Zwalniam. Włączają kogut i pędzą jak nienormalni. *Chyba jednak o mnie chodzi... Zjadę w boczną uliczkę i zatrzymam się.* Czekam grzecznie w moim nowym i lśniącym BMW. Na sobie mam wspomniany dres. Podchodzi wkurzony policjant i puka do okna.

– Proszę otworzyć drzwi!

Widzę, że jest zestresowany, ale ja pozostaję zupełnie spokojny, bo wiem, że NIC złego nie zrobiłem.

– Możesz pożegnać się z prawem jazdy.

Młody i głupi, zamiast podkulić ogon, odparłem:

– Nie przypominam sobie, żebyśmy przeszli na ty... – odpyskowałem, bo wiedziałem, że nic złego nie zrobiłem.

– Za co niby chcecie mi zabrać prawo jazdy?

– Za niezatrzymanie się do kontroli, za ucieczkę.

Rechotałem mu prosto w twarz.

– Haha! Tylko nie chwalcie się tym pościgiem na komendzie, bo koledzy pękną ze śmiechu. Sto metrów uciekałem? Czy jest pan normalny? Mam niemal trzysta koni mechanicznych pod maską, a wy starego fiata. Bądźmy poważni...

Jak się okazało, nie żartował.

– Proszę prawo jazdy, dowód rejestracyjny, ubezpieczenie.

Grzecznie daję wszystkie papiery, po czym mówię policjantom:

– Panowie, zapytajcie przez radio kolegów, czy nie zatrzymali zielonego forda bez dokumentów, bo właśnie jadę mu przeparkować auto. Innymi słowy – nie uciekałem.

Policjant bez słowa, szybkim krokiem, poszedł do radiowozu. Po paru minutach wraca i mówi, że skierowali sprawę do sądu. Patrzę na niego jak na idiotę — nie wierzę, co słyszę.

– Zatrzymujemy dzisiaj pana prawo jazdy, wniosek kierujemy do sądu.

Niewiarygodne. Pojechałem jeszcze zmienić miejsce samochodu kolegi i wróciłem do domu. Zadzwoniłem do prawnika – odwiedziliśmy miejsce zdarzenia. Od razu wypunktował policjantów. Stali w ukryciu, a powinni być widoczni. Chcieli mnie zatrzymać w trakcie wyprzedzania, co jest niebezpieczne. Nie miałem gdzie się zatrzymać – droga była całkiem wąska. No i przede wszystkim – nie uciekałem! Stworzył całą dokumentację, zdjęcia itp. Po miesiącu nastąpiła rozprawa w sądzie. Nie rozumiem, dlaczego tak jest, ale sądy mają w sobie coś magicznego. Wysokie pomieszczenia, szaty sędziów... Klimat jest dość specyficzny. Czekając na rozprawę, trochę się denerwuję, mimo że jestem bez winy. Gdy wszedłem, moje serce zaczęło szybciej bić. Całkiem się zestresowałem! Jestem czysty, a zachowuję się, jakbym miał coś na sumieniu. Dlaczego się trzęsę? Nie potrafię tego powstrzymać. Po kilkunastu minutach słyszę wyrok. Winny! Zakaz prowadzenia pojazdów w ruchu lądowym przez okres sześciu miesięcy. Myślę sobie:

To na rowerze też nie mogę jeździć? Dwóch policjantów na jednego obywatela.

Nie raz byłem w sądach, prokuraturze czy na policji. Dlaczego zawsze odczuwałem stres, mimo że nic nie zrobiłem? Porównam to do uczucia, gdy przechodzi się przez bramki sklepu bez zakupów. Czuję lęk, jakbym coś ukradł. To wyczekiwanie ze wstrzymanym wdechem: *Zapika czy nie zapika?* Skąd to się u mnie wzięło? Na to pytanie nie znam jednoznacznej odpowiedzi, może z telewizji, filmów czy internetu. Najprawdopodobniej to państwo świadomie tworzy taką iluzję, żeby ludzie się bali. Poprzez zastraszenie najłatwiej jest kontrolować. Media, mundury, wysokie pomieszczenia – wszystko po to, by obywatel poczuł się malutki wobec tych instytucji. Ale nie jestem pewien, skąd ta cecha u mnie...

Ludzie nieświadomi nie zastanawiają się, czemu akurat mają takie a nie inne myśli czy emocje. Po prostu reagują jak zwierzęta. Są jacy są i tyle. Nie wiedzą, że mogą świadomie zmienić reakcje ego. Nikt im nie powiedział, że mają moc, by świadomie decydować, jakie emocje czuć w ciele niezależnie od sytuacji życiowej. Wydaje się im to tak nienaturalne, że aż niewyobrażalne.

9. Zazdrość

Zazdrości nie zazdroszczę nikomu.

— Aldona Różanek

Budzę się rano z moją kobietą u boku – wspaniale. Czego chcieć więcej od życia... Dzień mija bez większych niespodzianek. Nadchodzi wieczór, dziewczyna rozmawia przez telefon. O dwudziestej dowiaduję się, że wychodzi na miasto z koleżankami. Zaczynam się lekko irytować.

– Gdzie idziesz? Mieliśmy przecież razem spędzić wieczór...

– Kaśka rozstała się z facetem. Muszę jechać ją pocieszyć. Jeszcze gdzieś pójdziemy.

Staram się panować nad emocjami, lecz gotuję się w środku. Udaję, że się nie przejmuję. Widzę, jak dziewczyna w pośpiechu zamawia taksówkę i przebiera się: rajstopy, seksowna bielizna, najlepsza sukienka, do tego wysokie szpilki. Myślę: *Kurwa mać!...* Szlag mnie trafia!

– Gdzie ty się tak stroisz? Idziesz pocieszyć koleżankę czy kogoś innego?

– Dawid, przestań. Idziemy do klubu. W adidasach przecież nie pójdę!

Zaczyna się nieelegancka wymiana zdań. Złość kipi we mnie. Staram się to ukryć, ale dostaję rumieńców, ciepło mi. Wypowiadam o kilka słów za dużo – kłócimy się. Coraz głośniej mówimy, zaczynamy się przekrzykiwać. Z boku musiało wyglądać to okropnie. W końcu przestajemy odzywać się do siebie, ona – wściekła – wychodzi. Najprawdopodobniej zepsułem jej cały wieczór, ale mam to w nosie. Nie podoba mi się, że wychodzi tak ubrana i tyle! Łubudu! Trzasnęła drzwiami. *Niewiarygodne, wyszła bez słowa...* Mijały godziny, a ja wciąż gotując się w środku, patrzyłem tępo w telewizor. Oczy niczego nie rejestrowały, bo umysł był skupiony na niej. Czułem niezdrową zazdrość.

Dochodziła północ. Postanowiłem ruszyć w miasto! Wykonałem kilka telefonów do znajomych, ale wszyscy już spali albo mieli już własne plany. Wrrr... *Przejadę się do kilku klubów. Zobaczę, może ją znajdę, przeproszę i zaproponuję im odwiezienie do domu.*

Po kilku nieudanych próbach niewinne poszukiwanie mojej dziewczyny przerodziło się w obsesyjne: *Gdzie ona jest! Byłem już w czterech klubach, a jej nigdzie nie ma! Telefonu oczywiście nie odbierze.* Coraz szybciej przemieszczałem się między klubami. Jeździłem bardzo szybko, jednocześnie pisząc esemesy do niej. Nagle: patrzę przed siebie, wciskam hamulec i BUM! Uderzyłem w taksówkarza stojącego na skrzyżowaniu. Lampy, zderzak, chłodnica i maska do wymiany. Na chwilę otrzeźwiałem. *Co ja robię? Chłopie, ogarnij się...* Zdecydowałem, że wracam do domu. Młodość, zazdrość, głupota.

Kilka tygodni później, wieczorem, dzwoni do mnie kolega.

– Pilna sprawa. Trzeba się napić.

– Co się stało?

– Jest sobota...

– OK, rozumiem. Do zobaczenia za dwadzieścia minut.

Oznajmiam mojej dziewczynie, że wychodzę. Bo kolega musi ze mną pogadać... Z początku widzę, że przyjęła spokojnie. Jednak to tylko pozory – jest zła, bez dwóch zdań.

– Dlaczego dopiero teraz mi to mówisz? Mogłam sobie inaczej poukładać wieczór!

Nie wchodzę w dyskusję – bez sensu. Ubieram się w najlepsze ciuchy: eleganckie spodnie, czarna koszula i perfekcyjnie wytaliowana, grafitowa marynarka – do tego – piękne brązowe buty. Wychodzę odpicowany z garderoby. Niemal zderzamy się ze sobą. Szybko otaksowała mnie wzrokiem.

– Gdzie ty idziesz w tej koszuli?

– Nie wiem jeszcze. Idziemy do jakiegoś klubu.

– Na pewno idziecie na dziwki.

– Skończ mówić głupoty!

Szybko uciekam z domu, zanim zdąży wybuchnąć. Jest wściekła – prowadzi monolog, wyzywa mnie, żeby poczuć się lepiej... Nie wytrzymuję i mówię, co sądzę o niej i jej uwagach. Teraz mój nastrój zmienia się diametralnie. Przestaję się kontrolować i wypowiadam słowa, których jeszcze kilka minut wcześniej bym nie powiedział. Trzaskam drzwiami i wychodzę.

Daleko nie muszę szukać przyczyn mojego obłąkanego zachowania. Wyniosłem ten wzorzec z domu rodzinnego. Zarówno tata, jak i mama byli zazdrośnikami. Odziedziczyłem to po nich. Podświadomość niczym gąbka nasiąknęła takimi zachowaniami, które z biegiem lat przerodziły się w integralną część mojej osobowości. W ten sposób moje ego, gdy tylko poczuło brak kontroli nad dziewczyną, musiało natychmiast ją zlokalizować. Akcja: dziewczyna idzie na imprezę, poczucie braku kontroli. Reakcja: niekontrolowane emocje i słowa, pochopne i nieprzemyślane działanie.

Zazdrość jest jedną z najbardziej toksycznych emocji, jakie potrafimy wywołać w naszym ciele. Ludziom nieświadomym wydaje się, że druga osoba jest ich własnością, niczym kanarek w klatce. Nie rozumieją, że nie ma nic gorszego niż zniewolenie drugiego człowieka. Zazdrość prowadzi do niewolnictwa, rozstań, toksycznych emocji i zachowań. Mimo to jest powszechnie praktykowana. Ludzie nieświadomi nie zastanawiają się, nie analizują. Reagują, jak ich życie nauczyło. Są zakładnikami ego.

Zbyt wielu ludzi gra i udaje w życiu, nosi maski i zatraca się w tym.

— Nicholas Sparks

Kolejny zwykły dzień – rano wybrałem się do rodziców na śniadanie. Zasiadam do stołu i rozmawiamy. Niby jestem normalny, jednak coś jest nie tak – mniej przeklinam, jestem bardziej poukładany, ważę słowa. Po spotkaniu jadę do znajomego odebrać laptopa z naprawy. Nie jest moim dobrym kolegą – zwykły znajomy. Jestem luźniejszy, zachowuję się inaczej niż u rodziców. Następnie czeka mnie trening. Na kortach jest pięciu znajomych tenisistów – wszyscy rozbawieni, w doskonałym humorze. Powoli wchodzę na ich obroty i dostaję głupawki, rozbawiam wszystkich swoimi tekstami. Dogadujemy sobie nawzajem. Ćwiczymy dystans do siebie, bo żarty są często na granicy dobrego smaku. Po treningu jadę na obiad do rodziców mojej dziewczyny. Tym razem jestem grzeczny i poukładany. Ważę każde słowo oraz gest. Chcę, żeby mieli o mnie dobre zdanie.

Po zjedzonym obiedzie jadę do przyjaciela. Opowiadam, co wydarzyło się u mnie w ostatnim tygodniu – jestem wyluzowany, gawędzę bez zastanowienia. Po godzinnej rozmowie zmierzam do babci – dawno u niej nie byłem, teraz jestem dobrym wnuczkiem. Wchodząc, ściskam ją. Zawsze jej mówię, że wszystko u mnie i rodziców w porządku, żeby się nie martwiła. Dużo słucham, mało mówię. Wspominamy stare czasy, gdy bywaliśmy na wsi.

Wracając do domu, jadę trochę szybciej niż zwykle. Nie wiadomo skąd wyrasta policjant. Serce staje mi w gardle, mimo że przekroczyłem prędkość o 11 km / h. Gram jak najlepszy aktor. Staram się uniknąć mandatu. Niestety, nie tym razem. Po drodze wstępuję do drugiego przyjaciela, który mieszka niedaleko. Niby zachowuję się podobnie jak przy pierwszym przyjacielu, a jednak jest różnica. Inaczej podaję rękę, dobieram inne słowa, w inny sposób opowiadam te same historie. Wkładam inną maskę.

Wracam do mojej kobiety. Opowiadam o całym dniu i mojej refleksji.

– Niesamowite, ale z każdą napotkaną osobą inaczej rozmawiam, inaczej się przy niej zachowuję, wychodzą ze mnie inne emocje... Jestem jakby inny za każdym razem. Dzieje się to automatycznie. To nie kwestia tego, że gram, to się samo dzieje. Dzisiaj to zauważyłem.

Niezależnie od tego, z kim rozmawiałem, zawsze zachowywałem się inaczej. Podobnie, ale jednak inaczej. Niesamowite, że robiłem to bezwiednie – nigdy z premedytacją. Jak wbudowany komputer, reagujący w różnych sytuacjach za mnie – bez pytania, bez mojej wiedzy, samoistnie. Reagowałem automatycznie na otaczający świat. W zależności od tego, w jakiej sytuacji się znalazłem, moja podświadomość zawsze miała gotową wersję mnie. Często po nieświadomej reakcji nie byłem z siebie zadowolony. Potrafiłem zachowywać się skandalicznie. Ale to nie byłem ja. Nie panowałem nad sobą! Kto to był, skoro nie ja?

Zawsze mi się wydawało, że wszystko zależy od zewnętrznych okoliczności, a nie ode mnie. Jeżeli nie miałem problemów, to wszystko było w porządku, jak się jakieś pojawiły, od razu miałem gorszy humor. Gdy ktoś zachował się nie po mojej myśli, od razu się wkurzałem. Nawet rysa na samochodzie potrafiła doprowadzić mnie do białej gorączki. Spotykając pozytywnych ludzi, czułem się dobrze. Gdy miałem pecha i ktoś na mnie wyładował swoje frustracje – było gorzej. Gdy ktoś mi powiedział coś niemiłego, rozmyślałem o tym godzinami, a nawet tygodniami. Wygrywając zawody sportowe – byłem szczęśliwy, przegrywając – smutny.

Z biegiem lat i doświadczeń złapałem się na tym, że zmieniało się moje postrzeganie. Wspólną cechę tych wszystkich reakcji stanowił fakt, że były nieświadome – kierowało mną ego. Zachowywałem i czułem się nie tak, jak bym tego naprawdę chciał. Moje nastroje były tak stabilne jak woreczek foliowy na wietrze. Nic nie zależało ode mnie, za to wszystko zależało od tego, z której strony wiał wiatr.

Nieświadomym zjadaczom chleba wydaje się, że są autentyczni. Nie mają zielonego pojęcia, ile ról potrafią odegrać w ciągu jednego dnia. Nie są świadomi, że ich słowa, mimika, gesty, sylwetka i emocje w ciele są zależne od tego, z kim rozmawiają. Uważają, że się nie zmienią, jednak zmieniają się nieustannie, tyle że nieświadomie. Nie wiedzą, iż posiadają moc, by świadomie manipulować swoimi myślami, emocjami i zachowaniami. Nie rozumieją, że sytuacje, które wprawiały ich w zakłopotanie, stres czy zły humor, mogą ich na przykład rozweselać. Nieświadomi ludzie nie zastanawiają się, jaką chcą być osobowością, jakie mieć poszczególne cechy charakteru. Po prostu są jacy są. Są zakładnikami przeszłości. Steruje nimi ego.

10. Mentor

Jeśli chcesz gdzieś dojść, najlepiej znajdź kogoś, kto już tam doszedł.

— Robert Kiyosaki

W wieku piętnastu lat miałem zaszczyt poznać mojego mentora – świętej pamięci doktora Jerzego Wielkoszyńskiego. Doktor, bo tak każdy zawodnik zwracał się do niego, był najlepszym trenerem przygotowania motorycznego sportowców i rehabilitantem w Polsce, ale przede wszystkim był wspaniałym człowiekiem. Gdy go poznałem, od razu wzbudził we mnie ogromny szacunek. Nie wiedziałem czemu, ponieważ gdy byłem młody, przeważnie naśmiewałem się ze starszych osób – w tym wypadku było inaczej. Z początku Doktor traktował mnie jak każdego innego zawodnika: *Zrób to, zrób tamto.* Co jakiś czas rzucał żart albo anegdotę. Najlepsza z jego opowieści mówiła o pewnym polskim piłkarzu, który nie potrafił chodzić na rękach. Każdy sportowiec współpracujący z doktorem musiał się tego nauczyć. Bez wyjątku.

– No i przyszedł do mnie Kowalski, coś tam próbował przejść, ale kompletnie się do tego nie nadawał. Powiedziałem mu, żeby się nauczył chodzić na rękach, jeżeli chce dalej trenować. Tydzień później, w południe, ktoś puka do mojego mieszkania. Podchodzę, a drzwi się same otwierają. Kowalski wszedł do mojego domu na rękach, pukając i otwierając drzwi nogami. Ale to nie wszystko, bo Kowalski ponoć w taki sposób wszedł na pierwsze piętro – schodami.

Podobnych legend była cała masa, do dziś nie wiem, czy były prawdziwe. Ale nie to jest ważne. Jedno jest pewne, Doktor zmieniał ludziom życie. Wyprowadzał ich z kontuzji grożących kalectwem, ale przede wszystkim był niezwykłym mentorem i nauczycielem.

Trener bardzo mi imponował. Na wspólne treningi przyjeżdżali najlepsi polscy lekkoatleci, tenisiści, siatkarze, koszykarze czy piłkarze, jak Jakub Błaszczykowski. Każdy sportowiec, nie było w tym przypadku wyjątków, darzył Doktora ogromnym szacunkiem. Wydawało mi się to aż niesamowite. Niby tylko starszy pan, a każdy kłaniał mu się w pas. Słowo „dziękuję" słyszałem najczęściej na treningach z jego udziałem. Wszyscy mu za coś dziękowali: za powrót do zdrowia, za pomoc, za to, tamto i owamto. Z początku wydawało mi się to niemożliwe, żeby tyle osób było wdzięcznych jednej osobie.

Podejście Doktora do mnie zmieniło się w momencie, gdy zaczął zlecać mi zadania domowe. Jedno z nich brzmiało: *Opisz, jak się serwuje w tenisie, uwzględnij każdy ruch.* Miałem wtedy szesnaście lat. Nigdy samodzielnie nic nie napisałem, a tu takie zadanie bojowe. Mama, kolega czy koleżanka nie mogli mnie wyręczyć, bo przecież nie mieli zielonego pojęcia o sporcie wyczynowym, a już szczególnie o tenisie. Po powrocie do domu od razu usiadłem przed komputerem i zacząłem pisać. Wydawało mi się, że będzie to łatwizna. W końcu już ponad osiem lat grałem średnio trzy godziny dziennie. Doskonale wiedziałem, jak się serwuje. Jak się jednak okazało, nie miałem zielonego pojęcia. Ludzkie ciało jest bardzo skomplikowane. Ludzie nieświadomi nie zdają sobie sprawy, ile nieprawdopodobnych czynności wykonujemy, żeby na przykład. Wstać z łóżka. Im bardziej wchodziłem w szczegóły, tym więcej detali dostrzegałem – i tak bez końca. Masakra! Wydaje ci się, że wszystko wiesz, a tu psikus. Fachowe opisanie wszystkich ruchów, kolejności napięcia mięśni itd. staje się niemożliwe. Ludzkie ciało jest tak niesamowicie zbudowane, a setki czynności są wykonywane w tej samej sekundzie. Wszystko jest zależne od czegoś. Pierwszy raz w moim życiu zrozumiałem, że nic nie wiem o serwowaniu. Bo jak Einstein powiedział: *Jeżeli czegoś nie potrafisz łatwo wytłumaczyć – to znaczy, że tego nie rozumiesz.* Zgadzam się z tym. Napisałem Doktorowi dwie kartki formatu A4. Spisałem tylko najważniejsze rzeczy. Następnego dnia spotkaliśmy się i na wstępie powiedziałem, że to było najtrudniejsze zadanie w moim życiu i prawie niewykonalne. Doktor uśmiechnął się i powiedział:

– Dobrze.

Położył kartki bez czytania i zaczęliśmy trening. Mojemu ego się to nie spodobało. W końcu cały wieczór na to poświęciłem...

Z biegiem czasu Doktor zlecał mi coraz więcej różnych zadań bojowych. Musiałem nagrywać swoje uderzenia tenisowe, porównywać je do najlepszych, szukać wspólnych cech itd. Doszło nawet do tego, że robiłem kinogramy z techniki biegu piłkarzy reprezentacji kraju. Lata mijały, a ja analizowałem, analizowałem, analizowałem… Kiedyś wracałem do domu i zatracałem się w grze komputerowej, odkąd poznałem trenera, każdy wieczór spędzałem na doskonaleniu swoich umiejętności – nie tylko tenisowych, ale przede wszystkim mentalnych. Poświęcałem czas na rozwiązywanie zadań, dochodzenie do precyzji, byłem zdeterminowany w uzyskiwaniu odpowiedzi czy woli bycia lepszym każdego dnia. Potrafiłem nawet, po osiem godzin dziennie, rozwiązywać różne problemy. Najzabawniejsze jest to, że po wielu latach analizy moje wnioski okazały się w większości błędne. Błąd, błąd, błąd… Im więcej wiedziałem, tym mniej rozumiałem. Dopiero gdy popełniłem wszystkie możliwe błędy, to zacząłem dochodzić do banalnie prostych wniosków – aż wstyd się przyznawać.

Gdy Doktor dostrzegł, że jest we mnie coś innego niż u pozostałych zawodników, sam zaczął darzyć mnie coraz większym szacunkiem. Byłem jego pupilem. Po roku współpracy nastąpił kolejny przełom, zaczął zapraszać mnie do siebie do domu. Z początku byłem bardzo wystraszony – nie wiedziałem, o co chodzi. O czym niby mamy rozmawiać? Wchodzę do jego domu… Siadam zestresowany. Od razu rozładowuje atmosferę jakimś żartem wplątanym w anegdotę, siedzimy i rozmawiamy. Omawiamy analizy, które robiłem. Szukaliśmy rozwiązań na najróżniejsze zagadnienia treningu. Gdy czegoś nie wiedziałem, to cierpliwie mi tłumaczył. Pasja i młodzieńczy entuzjazm biły od niego, mimo że miał już prawie siedemdziesiąt lat. Opowiadał mi o swoim życiu, jak przeżył drugą wojnę światową, o podróżach, o początkach ze sportem, o tym, jak bardzo chciał, by jego syn został sportowcem, a ostatecznie został wybitnym lekarzem. Mówił o swoich doświadczeniach oraz wnioskach. Podczas kilku spotkań z Doktorem nauczyłem się więcej niż przez całe życie. Jednak jednej rzeczy żałuję do dziś. Gdy miałem osiemnaście lat, zaproponował mi, żebyśmy razem przepłynęli kajakami Czarną Hańczę. Do dziś nie potrafię sobie wybaczyć, że natychmiast nie zarezerwowałem sobie czasu. Niestety, w sezonie letnim rozgrywałem wiele turniejów. Wtedy wydawały mi się ważniejsze od czasu spędzonego z trenerem. To jedyna rzecz, której naprawdę żałuję.

Nie każdy miał tyle szczęścia w życiu, by spotkać swojego mentora. Kogoś, kto pokaże, że można żyć inaczej, pełniej. Nigdy nie wiesz, kiedy właściwa osoba znajdzie się na Twojej drodze, dlatego miej oczy szeroko otwarte. Jedno doświadczenie czy ktoś wartościowy może diametralnie zmienić Ciebie i postrzeganie otaczającego świata, a w związku z tym – Twoją przyszłość.

PODRÓŻ ŻYCIA

11. Nigeria

Podróżnik, który nie potrafi obserwować, jest jak ptak pozbawiony skrzydeł.

— Moslih Eddin Saadi

Już jako osiemnastoletni zawodnik byłem profesjonalnym tenisistą. Do tego czasu byłem już kilkunastokrotnym medalistą mistrzostw Polski. Moje życie było związane z turniejami i podróżowaniem. Zwiedziłem ponad siedemdziesiąt krajów. Najbardziej zapamiętałem dwa turnieje, w Nigerii i Ghanie. Trzy tygodnie, które tam spędziłem, zmieniły mnie na zawsze.

Nigeria... Już po wyjściu z samolotu doznałem szoku. Ciepło, jakie we mnie uderzyło, potrafiło powalić na kolana. Po kilku minutach byłem już zlany potem. Cały się kleiłem, czego nienawidziłem. Odebraliśmy z moim przyjacielem torby i wyruszyliśmy na poszukiwanie oficjalnego transportu, który miał nas zabrać do hotelu.

Autobus okazał się nieklimatyzowany. Pociłem się coraz bardziej, było mi duszno. Jechaliśmy autostradą w kierunku Lagos, największego miasta i skupiska ludzi w całej Nigerii. Patrzyłem przez okno na krajobraz i nie wierzyłem własnym oczom. Na wjazdach i zjazdach z autostrad wszędzie na świecie są takie małe zielone wysepki otoczone barierkami, a tutaj wysypiska śmieci. *Ale co na nich świnie robią? Jak one tam się dostały?* Zbliżaliśmy się do Lagos... Koszulkę miałem już całą mokrą. Nie odrywałem wzroku od tego, co widać było za szybą busa. Z początku myślałem, że mijamy jakieś dziwne blaszane garaże. Jeden kilometr, piąty, dziesiąty – ciągle jednakowy widok. Co to jest? Przyglądałem się i widziałem tam ludzi, suszące się ubrania, dzieci... *O, Boże... To slumsy.* Przez następne kilkanaście kilometrów ten sam widok: wysypiska, slumsy, wysypiska ze świniami, slumsy, wysypiska z kurami, slumsy... Pociłem się nieustannie i czułem coraz większe pragnienie. Wodę już dawno wypiłem. Nie mogłem doczekać się przyjazdu na miejsce.

Podjechaliśmy pod hotel. Marzyłem o kąpieli i wygodnym łóżku. Poszedłem do recepcji wykończony podróżą.

– Dzień dobry. Mam rezerwację na nazwisko Piątkowski i poproszę pokój.

– Proszę chwilę zaczekać.

Czekałem spokojnie sądząc, że zaraz odpocznę. Czekałem, czekałem i czekałem. Naraz dowiaduję się, jaka jest cena za pokój.

– Ile? Przecież to trzy razy więcej niż było ustalone!

– Nie, proszę pana. W hotelu jest trochę gorszy kurs wymiany walut.

Znowu nie wierzyłem w to, co usłyszałem. Miałem dylemat: iść na miasto i postarać się wymienić pieniądze, ryzykując życie – bo ostrzegano nas, że wychodzimy na własną odpowiedzialność – lub przepłacić trzykrotnie. Jestem wykończony. Płacę. Dodatkowo trzeba było zostawić dwieście dolarów kaucji. Jutro wymienię pieniądze po normalnym kursie na mieście. Mija pierwsza godzina przy recepcji. Mimo że w hotelu jest klimatyzacja, cały się kleiłem. Nogi mnie potwornie bolały po podróży. Dałem łapówkę, prosząc o przyspieszenie wydania klucza.

– Nie ma problemu. Zaraz pan dostanie swój pokój.

Grzecznie dziękuję i czekam dalej. Po trzech godzinach dostaję klucz. Nie pamiętałem, kiedy ostatnio byłem tak szczęśliwy. Wszedłem do pokoju, rozejrzałem się. Szału nie było. Rzuciłem torby na ziemię i padłem na łóżko. Bum! Myślałem, że będzie mięciutkie, a prawie sobie nos złamałem. Wstałem wkurzony i trzymając się za nos, skierowałem w stronę łazienki. *Jest! Nareszcie się wykąpię!* Odkręciłem kurek do końca, a tu nic. Odkręciłem drugi, poczekałem chwilę. I jeszcze trochę... Pojawiła się pierwsza kropla, dwie krople. Po dłuższej chwili ledwo, ledwo, ale coś leciało. Strumień był tak silny, że byłem w stanie policzyć każdą kroplę. Pewnie akurat wody nie ma i mam pecha. Zszedłem do recepcji i przedstawiłem sytuację. Przygotowani odpowiedzieli, że tak jest zawsze. Znów nie uwierzyłem w to, co usłyszałem. Wróciłem do pokoju i wziąłem „kąpiel". Po czterdziestu minutach udało mi się zmoczyć całe ciało prysznicem. Padłem na łóżko, chcąc już zapomnieć o tym dniu.

O szóstej rano obudziło mnie ostre słońce. Wstałem, rozciągnąłem obolałe mięśnie po podróży. Podszedłem do okna, by zobaczyć widok z czwartego piętra hotelu. Zdębiałem. Przed oknem ujrzałem slumsy, blaszane pseudo-domy. Cztery pale wbite w ziemię, z blaszanym dachem, setki takich

Widok z hotelu na slumsy. Lagos, Nigeria, październik 2006.

konstrukcji. Wokół hotelu znajdowało się jedno wielkie wysypisko śmieci. Wyobraziłem sobie, jak wygląda ten krajobraz w strugach deszczu. Masakra... Wychudzone dzieci bawiły się z wychudzonymi psami. Przeszły mnie dreszcze. *Gdzie ja, do cholery, jestem?! Co to za życie?* Myłem zęby piętnaście minut, bo strumień wody nie pozwalał wypłukać pasty z ust. Spakowałem torbę, czas odwiedzić korty.

Wchodząc do busa, modliłem się po cichu o klimatyzację – oczywiście brak. Na zegarze 8:00, a już byłem wściekły. Na korty ze względów bezpieczeństwa odwiozła nas policja. Spytałem kierowcę, jak długo będziemy jechać:

– Zależy od ruchu na drodze.

– To jak daleko jest na korty?

– Niedaleko.

Niedaleko. Super odpowiedź, „kocham" nic nie wiedzieć. Nie minęło nawet pięć minut, a ja znowu się cały kleiłem. Pot ciurkiem leciał mi po twarzy i plecach. Do tego wszystkiego jeszcze ten potworny smród – nie do wytrzymania. W całym Lagos niewiarygodnie śmierdziało. Znowu ciężko było mi wziąć pełny wdech. Wyglądałem przez okno, bo przejeżdżaliśmy przez „centrum". Widziałem ciągnące się w nieskończoność targowisko i tysiące ludzi. Pędziliśmy bardzo szybko, mijając na centymetry pieszych. Zero pasów na jezdni czy chodników dla pieszych. Wolna amerykanka na drodze. Robisz co i jak chcesz. Minęliśmy kilka osób jadących na motorze. Zacząłem liczyć. Jedna, druga, trzecia, czwarta, piąta! Szybkim ruchem wyjąłem aparat i zacząłem robić zdjęcia. W piątkę na jednym motorze? Niesamowite. Po godzinie jazdy spytałem kierowcę, ile jeszcze do kortów. Znowu słyszę:

– Niedaleko.

Niedaleko. Miałem ochotę go zabić. Uczucie dyskomfortu było coraz większe. Każdy centymetr mojego ciała był mokry. Kleiłem się coraz bardziej. Mijały kilometry, wydawało się, że zbliżaliśmy się do jakiejś cywilizacji. Trochę ładniejsze budynki pojawiły się na horyzoncie. Ujrzeliśmy też chodniki i pasy na drodze, co jednak nie znaczyło, że ktokolwiek zwracał na to uwagę. Równie dobrze mogłoby ich nie być, skoro na drodze jednokierunkowej pojedyncze auta i motory skracały sobie trasę, jadąc pod prąd. Na dwóch pasach jezdni jadą cztery samochody i trzy motory w jednym rzędzie. Precyzja chirurgiczna. Najmniejszy błąd i śmierć. Mijaliśmy kolejne ulice. Po raz setny staliśmy w korku.

Metr od samochodu, na chodniku, ujrzałem kilkudziesięciu ludzi leżących pod parasolami. Przyglądałem się, bo nie do końca wiedziałem, o co chodzi. Gdy dostrzegłem ich wychudzone sylwetki, wszystko stało się jasne. Ludzi bezdomnych były tam całe setki. Niewyobrażalny widok. Na filmach wyglądało to zupełnie inaczej. Jakbym nie zdawał sobie nigdy wcześniej sprawy z tego, że panuje głód na świecie. Dopiero wtedy to zrozumiałem. *Boże święty...*

Po dwóch godzinach dojechaliśmy na korty. Byłem wykończony, a dzień się jeszcze dobrze nie zaczął. Upał doskwierał coraz bardziej. Wszedłem na kort. Po piętnastominutowym treningu uciekłem stamtąd, bo upał był niewyobrażalny. Dochodziło południe, szukałem cienia – na marne. Słońce padało pionowo. Cień miałem idealnie pod sobą. W sumie nic dziwnego, bo byłem na równiku. Uciekłem do szatni, bo to było jedyne klimatyzowane miejsce na kortach. Piękne uczucie... *Jak przyjemnie. Mmmmm.* Pierwszy raz od wyjścia z hotelu przestałem się pocić. Byłem w raju.

Po kilku godzinach wróciliśmy z kortów tym samym autobusem, jednak jechaliśmy zupełnie inną drogą. Wyglądałem przez okno. Widziałem kilka drzew obok siebie, a pod nimi sporo tubylców. Leżeli na ziemi, wyglądając jakby odpoczywali. Przypatrywałem się drzewom, bo coś na nich zostało wyryte, jakby nożem. To krzyże, symbole chrześcijańskie. Odpoczywający ludzie okazali się wychudzonymi biedakami. Zbierało mi się na płacz, musiałem powstrzymywać łzy. Chwilę później przejeżdżaliśmy pod mostem. Kolejne kilkadziesiąt osób leżało na ziemi. Serce się krajało, gdy patrzyłem na tych biednych ludzi.

Czasami niewygodne sytuacje, problemy lub trudności kryją w sobie możliwości rozwoju; bardzo często w samym jądrze trudności połyskuje światło cennego klejnotu. Dlatego jest rzeczą mądrą przyjęcie tego, co jest niewygodne lub trudne.
— Melissa Panarello

Dwa dni później okazało się, że musimy zmienić hotel. Pakowaliśmy się razem z moim przyjacielem Piotrkiem, z którym mieliśmy rozegrać dwa turnieje w Nigerii i jeden w Ghanie. Był to wyjazd trzytygodniowy. Cieszyliśmy się, bo hotel miał być pięciogwiazdkowy. Ustaliliśmy taktykę – Piotrek jedzie do nowego hotelu i załatwia pokój. A ja odbieram kaucję z dotychczasowego hotelu i dojeżdżam do nowego. Czekałem trzydzieści minut w kolejce, godzinę, dwie. Pytałem w recepcji, o co chodzi. Czekamy na pieniądze. Super!

Rewelacja! Wkurzony czekam i zazdroszczę Piotrkowi, że leży teraz w pokoju, odpoczywając. Czemu to ja nie pojechałem do nowego hotelu? Jestem skończonym idiotą.

Po niemal trzech godzinach stania przy recepcji otrzymałem zwrot kaucji. Byłem tak wkurzony, że nawet tego nie komentowałem. Wsiadłem do autobusu, wyobrażając sobie, jak leżę w nowym i pachnącym pokoju. Po kolejnej godzinie dotarłem do drugiego hotelu. Zadzwoniłem do Piotrka i zapytałem, gdzie jest.

– Czekam na ciebie przy recepcji.

Ruszyłem w jego kierunku i nie wierzyłem w to, co ujrzałem. Recepcja była na dworze. Mój kolega, wykończony, leżał na walizkach.

– O co chodzi? Przecież od czterech godzin tutaj jesteś! Jakim cudem nie załatwiłeś pokoju!

– Ponoć nie ma wolnych miejsc...

Z ust wysypała mi się cała garść przekleństw.

Czekaliśmy razem kolejną godzinę. Pociłem się, jakbym siedział w saunie. Miałem dość wszystkiego, najchętniej wróciłbym do Polski. Podszedłem do recepcji i dałem dużą łapówkę.

– Chcę klucze! Załatwisz czy nie?

Po dziesięciu sekundach dostaliśmy lokum o podwyższonym standardzie. Nie skakałem z zachwytu, bo miałem wszystkiego serdecznie dosyć. Otwarliśmy drzwi od pokoju – rewelacja. Najwyższy standard. Pobiegłem do toalety i odkręciłem kurek – woda leciała jak należy. Raj...

Następnego ranka obudził mnie Piotrek.

– O co chodzi, przecież jest 7:00 rano?!

Ludzie bezdomni śpiący na ulicach w centrum Lagos, październik 2006.

Otwarłem oczy i zobaczyłem, jak Piotrek wychyla się za łóżko – i zastyga bez ruchu. Zapytałem ponownie:

– O co chodzi?

– Chodź i zobacz – co to jest? Jakiś wielki skurczybyk leży na podłodze!

Nieruchoma pozycja kolegi zaciekawiła mnie. Wstałem po cichu i siadłem na jego łóżku. Wychyliłem głowę, żeby zobaczyć, o czym mówi.

– Ja pieprzę! Co to jest?!

Przyglądam się i widzę coś na wzór szerszenia, tylko kilkakrotnie większego i o bardziej bojowych barwach. Leży na podłodze, jakby spał.

– I co robimy?

– Walnij go butem.

– Sam go walnij!

Widząc przerażenie w oczach przyjaciela, zacząłem sobie żartować.

– Idę spać, on mi wcale nie przeszkadza.

– Co? Wracaj tu i zabij go!

– No dobra...

Starałem się udawać bohatera, chociaż bałem się jak cholera. Problem polegał na tym, że gdybym go nie trafił i sprowokował do działania, mogłyby być spore kłopoty. Trudno mi sobie wyobrazić, jak takie wielkie coś lata wkurzone po pokoju. Dostęp do niego był ograniczony, bo leżał pod krzesłem. Z krótkiego zamachu musiałbym zabić olbrzymiego szerszenia. Pomyślałem sobie: *Przecież jesteś większy od niego, czego się boisz?* Robię zamach i nagle chwyta mnie paraliż. Przestraszyłem się, jakby moje życie od tego zależało.

– No nie... Tak go nie zabiję. Musimy coś innego wymyślić.

Myślałem i myślałem, a czas uciekał.

– Dobra. Nakryjemy go przykrywką od suplementów. Raz się żyje.

Pewnym ruchem przykryłem olbrzyma. Przykrywkę z kolei przygniotłem ciężką książką, żeby ten wielki skurczybyk przypadkiem się nie wydostał. Uff... Udało się. Serce mi biło jak oszalałe. Niby nic się nie stało, ale emocje były spore. Z ciekawości ściągnęliśmy książkę, żeby zobaczyć, czy pokrywka się poruszy. Niesamowite! Wieczko zaczęło się ruszać, a nie było lekkie. Po chwili to coś zaczęło je delikatnie podnosić, żeby się wydostać. Natychmiast położyłem z powrotem książkę i na wszelki wypadek dołożyłem jeszcze buty. Mieliśmy czas, aby się wykąpać i iść na śniadanie.

Mecz przetrwania

Porażka daje możliwość rozpoczęcia na nowo w sposób lepiej przemyślany.

— Henry Ford

Rozpoczął się turniej. Zawodnicy z Europy wyraźnie nie radzą sobie w ciężkich warunkach. Udary, wymiotowanie na korcie, osłabienia – wydają się normalne. Wylosowałem pierwszego rywala, rozstawionego w turnieju reprezentanta Togo. Był wtedy sklasyfikowany na 300. miejscu w rankingu ATP. Rozgrzewałem się tylko piętnaście minut przed meczem, żeby nie tracić sił. Standardowa rozgrzewka trwa godzinę. Zdałem sobie sprawę, że albo wygram w dwóch krótkich setach, albo przegram z trudnymi warunkami. Wygrałem pierwszego seta 6-2.

W przerwie uciekam do toalety. Skłamałem sędziemu, że mam problem z żołądkiem. Siedzę sobie w klimatyzowanej szatni i myślę: *Nie wytrzymam nawet pięciu minut dłużej. Nie dam rady. Skreczować? Poddać się po wygranym secie? Ledwo stoję na nogach. Co robić? Tego seta na pewno nie wygram. Odpuszczę i mam nadzieję, że w trzecim secie siły wrócą.* Po dziesięciu minutach wracam na kort. Przepraszam przeciwnika i sędziego, skarżąc się na mój organizm. Spaceruję po swojej połowie. Oddaję wszystkie piłki przeciwnikowi. Nie walczę. Nie mam siły. Przegrywam 1-6.

Odbywam kolejną rozmowę ze sobą: *Został ostatni set. Teraz będziesz ryzykował, daj z siebie wszystko.* Ledwo stojąc na nogach, w ponadczterdziestostopniowym upale, o godzinie czternastej zaczynam walczyć. Stawiam wszystko na jedną kartę. 5-4 i 30-0 dla mnie i serwuje reprezentant Togo. Modlę się po cichu, żeby zrobił debla. Trafia pierwszy serwis. Nie mogę się ruszyć z miejsca. Skurcz w prawej łydce! *Dawaj, zostały dwa punkty do wygranej!* Proszę o ręcznik, wiążę buta, kombinuję jak mogę, by odpocząć chwilę dłużej – na marne. Po chwili łapie mnie skurcz w drugiej łydce. Przegrywam tego gema, seta 5-7 – i cały mecz. Dziękuję przeciwnikowi, sędziemu i uciekam z kortu. Szukam skrawka cienia za kortem centralnym. Myślę sobie, że porozciągam się, żebym mógł jutro wstać z łóżka. Nie mogę wykonać ani jednego ruchu. Każdy mięsień, który napinam, łapie skurcz.

Przy stadionie narodowym w Lagos. Na zdjęciu z Magdaleną i Piotrkiem, październik 2006.

Kładę się na ziemi i leżę nieruchomo. Nie mam siły nawet się wkurzać. Nie byłem przygotowany do tych warunków. Czas wyciągnąć wnioski i przygotować się do następnego turnieju.

Każda podróż ma swoje zalety. Kiedy odwiedzasz lepiej rozwinięte kraje, możesz dowiedzieć się, jak poprawić swój własny. A kiedy los zaprowadzi cię do tych biedniejszych, nauczysz się go doceniać.

— Samuel Johnson

Po kilku dniach, które minęły od meczu, zaprzyjaźniłem się z paroma chłopakami z Nigerii. Jeden zawodnik wyglądał na takiego, któremu nie przelewa się w domu. Któregoś dnia był wyjątkowo smutny. Zapytałem go, czy coś się stało.

– Za kilka tygodni będzie pora deszczowa.

Myślę sobie, co z tego? I śmiejąc się jednocześnie, pytam:

– Czy to powód do zmartwień?

– Gdy mocno pada, mamy w domu po kolana wody...

Po tych wszystkich doświadczeniach w Nigerii potrafiłem to sobie wyobrazić. Wszędzie bród. Całe Lagos to jedno wielkie wysypisko śmieci.

– Jak długo przeważnie pada deszcz? – zapytałem.

– Około trzech tygodni...

Współczułem z całego serca temu chłopakowi. Nie do wiary, co za problemy mają tutejsi ludzie.

Nigeryjczycy są wyjątkowym narodem pod kilkoma względami. Wielu z nich ma nieprawdopodobnie wyrzeźbione ciała. Uchodzą za najlepiej zbudowanych Afrykańczyków.

Czy to mania? Dobre geny? Nie wiem, ale wyglądają niesamowicie. Każdy mięsień idealnie podkreślony. Są bardzo silni i szybcy. Nie trzeba być ekspertem, widać to gołym okiem. Niemal każdego dnia podchodził do mnie jeden z takich wielkoludów i coś ode mnie chciał: wodę, zużyte owijki, buty, koszulki – cokolwiek. Ciągnąc mnie za koszulkę, mówili: *Daj mi to. Daj mi tamto.* Bardzo niekomfortowa sytuacja. Z jednej strony rozumiałem ich doskonale. Zaś z drugiej: miałem zostać bez sprzętu i ubrań? Przede mną były jeszcze dwa turnieje. Za każdym razem grzecznie mówiłem, że mam jedną parę butów i ograniczoną liczbę koszulek. Trudno sobie wyobrazić sytuację, gdy znakomicie umięśniony Nigeryjczyk „prosi cię" o coś materialnego – z miną mówiącą „daj mi to, bo cię zatłukę". Mieliśmy do przejścia z kortów dziesięć metrów ulicą i zawsze ktoś czekał i o coś prosił. Nie o to chodzi, że frustrował mnie fakt żebrania czy wymuszania, tylko wiedza, jak bardzo biedni byli ci ludzie. Mieli napisane na twarzach, że mają bardzo, ale to bardzo przekichane. Współczułem im. Podobne sytuacje zdarzały się każdego dnia...

12. Lepszy kurs

W życiu nie ma błędów, są tylko lekcje. Nie istnieje coś takiego jak złe doświadczenie, jest tylko okazja, żeby się rozwijać, uczyć i czynić postępy na drodze samodoskonalenia. W walce rodzi się siła. Nawet ból może być znakomitym nauczycielem.

— Robin S. Sharma

Piotrek wpadł na świetny pomysł. Stwierdził, że nie będzie wymieniał pieniędzy w hotelu po złodziejskim kursie. W związku z tym zapytał, czy idziemy na miasto, by dokonać transakcji w jakimś banku. Problem polegał na tym, że nie było takich, w których obowiązywałby uczciwy kurs. Żeby otrzymać realny kurs wymiany, trzeba było uderzyć do koników czyli zwykłych ludzi, którzy się tym zajmują. Zdając sobie sprawę, że jest to ryzykowne, podziękowałem. Piotrek uparcie stwierdził:

– Idziemy do banku, a nie do koników! Nie ma się czego bać!

Wyszedł z drugim znajomym na główną ulicę w samo południe. Nie zdążył do porządku kiwnąć ręką, a zatrzymał się chłopak na motorze. Zwrócili się do niego:

– Cześć! Gdzie jest bank, żebyśmy mogli wymienić dolary amerykańskie na nairy nigeryjskie?

– Mogę was zawieźć.

– Jak daleko to jest?

– Niedaleko. Zależy od ruchu.

Hmm... Nastała chwila konsternacji. Piętnaście minut jazdy w trójkę na dwudziestoletnim motorze, przez centrum Lagos, to zarówno długo i krótko – zależy jak na to spojrzeć. Po krótkiej rozmowie moi znajomi zdecydowali się – bez mapy, bez wiedzy, gdzie dokładnie jadą. Wsiedli na motor podekscytowani. Trudno, żeby nie czuli adrenaliny, skoro nigdy wcześniej nie jechali na motocyklu. Nie wspominając już o trzech osobach, i to bez kasków, w Lagos, gdzie nie istnieją żadne przepisy ruchu drogowego. Pełna symbolika znaków i linii na drodze. Przez pierwsze dziesięć minut panowała głównie euforia oraz dobra zabawa. *Ha, ha, ha... Hi, hi, hi...* Czuli lekki niepokój. Już znacznie oddalili się od kortów i ścisłego centrum.

– Daleko jeszcze?

– Niedaleko, niedaleko.

Zaczynają opuszczać miasto, wjeżdżają na peryferie, widać slumsy. Wszędzie dookoła biedni Nigeryjczycy, którzy trudne doświadczenia mają wypisane na twarzy. Nie jest to przyjemny widok. Piotrek zaczyna się niepokoić. Czy to był na pewno dobry pomysł?

Zajechali już tak daleko, że nie ma sensu wracać. Będzie, co ma być. Po trzydziestu minutach podróży zatrzymują się pod trochę lepszym barakiem niż pozostałe, konstrukcja większości jest dosyć prosta: cztery pale wpite w ziemię i blaszany dach. Ten miał ściany! Wyglądał bogato w porównaniu z innymi. Przed wejściem pojawił się wielki, czarnoskóry człowiek w szacie, z bronią maszynową przewieszoną na ramieniu. Sytuacja z sekundy na sekundy stawała się coraz poważniejsza.

– Ja pierdolę. Gdzie my jesteśmy? Przecież jak oni nas obrabują i zastrzelą, to nikt nigdy się nie dowie, co się z nami stało...

Przerażeni weszli do baraku. To nie żarty. Kazali im czekać. Po pięciu minutach stres sięgnął zenitu. Czekali jak na ścięcie. Nie mieli pojęcia, co zaraz się wydarzy. Wiedzieli doskonale, że nie powinno ich tam być i że to nie jest bank! Ten pomysł nie okazał się najlepszy, byli bardzo spragnieni, ale nawet nie myśleli, by poprosić o szklankę wody. Nagle przyszedł mężczyzna w białej szacie. Usiadł.

– Ile dolarów chcecie wymienić?

Chłopcy popatrzyli na siebie wymownym wzrokiem – chcieli już tylko wrócić do hotelu. Kolega Piotrka miał przy sobie tylko sto, a Piotrek pięćset dolarów zwiniętych w rulon w kieszeni. Bał się wyciągnąć pieniądze, bo razem przy sobie mieli kwotę, która wystarczyłaby biednemu Nigeryjczykowi na przeżycie kilku lat. Kolega pokazał sto dolarów, Piotrek nie miał wyjścia i wyjął całość z kieszeni. Napięcie. Jeszcze nigdy w całym swoim życiu nie był tak zestresowany. Wyciągnął z pliku trzysta dolarów i położył na stolik.

– Zaczekajcie.

Człowiek w białej szacie wstał i opuścił pomieszczenie. Piotrek był tak zdenerwowany, że nie wiedział już, jak się nazywa. Po cichu modlił się, by wszystko było OK. Po kilkunastu minutach wrócił boss. Położył na stole kilkanaście kupek pieniędzy, każda o wysokości ponad dwudziestu centymetrów. Wyglądało to tak, jakby milion dolarów leżał na stole. Najwyższy nominał naira to trochę ponad dolar. Pieniądze w Nigerii są tak brudne, że jak położysz dziesięć banknotów jeden na drugim, to mają wysokość pięciu centymetrów. Nowe banknoty nie miałyby nawet dwu milimetrów wysokości. Człowiek w szacie poprosił o przeliczenie.

– Nie ma problemu, ufamy ci – odparł Piotrek.

Najchętniej szybko schowałby pieniądze i uciekał stamtąd.

– Przelicz, proszę!

Zaczynają liczyć, a właściwie udają, że liczą pieniądze. Nie potrafią zebrać myśli. Po pięciu minutach, gdy już każdy banknot z osobna wzięli do ręki i znów odłożyli na stolik, powiedzieli:

– Zgadza się! Dziękujemy.

Podali sobie ręce. Piotrek nauczony, że trzeba się dzielić, dał napiwek ochroniarzom. Wsiedli na motor i wrócili na korty. A potem opowiedzieli mi tę historię z najdrobniejszymi szczegółami. Ogromne emocje. Przygoda życia. Głupota stulecia.

13. Ghana

Wszystko, czego się człowiek w życiu nauczy, prędzej czy później się przydaje.

— Bogna Ziembicka

Po nigeryjskich przeżyciach nadszedł czas organizacji lotu do Ghany. Udałem się do dyrektora turnieju, prosząc o pomoc przy zakupie biletu. Skierował mnie do człowieka, który odpowiadał na kortach za sprawy organizacyjne. Wszystko fajnie, ale nigdzie nie mogłem go znaleźć. Poszedłem wziąć odświeżającą kąpiel, bo cały się kleiłem. Po prysznicu czułem się wspaniale – lekko i świeżo. Ponownie wyruszyłem na poszukiwania, minęło piętnaście minut, a ja znowu byłem spocony. *Wrrr...* Dopada mnie lekka frustracja. Po dwóch godzinach znalazłem mistrza organizacji.

– Czy pomożesz nam zamówić bilety do Ghany?

– Tak, oczywiście. Zostawcie swoje dane i jutro bilety będą do odbioru.

Pomyślałem sobie – super. Była niedziela, a turniej zaczynał się w piątek. Przypuszczałem, że nie obejdzie się bez dodatkowych trudności. Następnego dnia poszedłem odebrać bilety. Okazało się, że cały dzień mistrza nie było na kortach. Straciłem pół dnia, czekając na niego jak baran. *Może coś się stało?* Zostało parę dni, więc się nie przejmowałem. Kolejnego ranka ponownie pojawiam się w umówionym miejscu. – jest i on.

– Witam! Chciałbym odebrać bilety.

– Niestety, ale nie mam.

– Dlaczego?

– Bo nie miałem czasu ich zorganizować.

– Mogłeś w takim razie mi to powiedzieć, załatwiłbym je sam.

– Przepraszam...

Rewelacja. Zagrałem trening, po czym chciałem jechać do jakiegoś biura, żeby zabukować transport. Okazało się, że już za późno, ponieważ tutejsze punkty są otwarte tylko do 14:00. Zacząłem się niepokoić. Był wtorek, a na czwartek należało załatwić przelot. *Pięknie, po prostu pięknie!* W środę z samego rana jedziemy na korty. *Trzeba zdobyć bilet, bo nie zdążymy na turniej!*

O 8:00 wyjeżdżamy z hotelu. O 9:00 – jesteśmy na miejscu. Prosimy organizatora o transport do placówki linii lotniczych. O 10:00 jesteśmy już w busiku – bez klimatyzacji. Termometr wskazuje sto stopni. Pytam kierowcy:

– Jak długo będziemy jechać?

– Zależy od ruchu na drodze.

– Jak daleko do biura?

– Niedaleko, niedaleko.

Ja pieprzę! Pocę się... Duszno mi... Okna są pootwierane. Po chwili podbiega jakiś tubylec. Po raz setny nie wierzę w to, co widzę. Na głowie ma ogromny półtorametrowy worek, w nim znajduje się lód, coca-cola, woda, ice tea... Zawiesił na nim breloczki, spodnie, koszule, długopisy itp. Przenośny stragan na głowie. Niesamowite. Skąd on ma lód na środku drogi? Musi go wymieniać chyba co piętnaście minut.

Stoimy w korku, dlatego nasz kierowca zaczyna rozmawiać z handlarzem. Wskazuje palcem na spodnie. Handlarz kładzie worek na ziemi i prezentuje spodnie kierowcy. Przyglądam się całej operacji handlowej. Chłopak jest mokry od potu. Widać, że nie stoi na ulicy od dziesięciu minut. Kierowca zaczyna się targować. W przeliczeniu na złotówki dziewięć złotych to dla niego za dużo za nowe jeansy. Samochody w korku ruszają. Rzuca spodnie handlarzowi w twarz i jedziemy. Po stu pięćdziesięciu metrach zatrzymujemy się ponownie. Nie mija dwadzieścia sekund i sprzedawca znowu targuje się z kierowcą. Przebiegł ten dystans w niesamowitym czasie, z dodatkowym obciążeniem w postaci półtorametrowego worka na głowie! Głośno dyskutują. Znowu samochody przed nami ruszyły, tym razem przemierzamy sto metrów. Znowu biedak biegnie za nami. Robi to z takim zaangażowaniem, jakby walczył o życie. Przechodzą mnie ciarki. Nie wiem, czy to z ciepła, czy ze smutku. Za trzecim podejściem – sukces – sprzedał spodnie. Handlarz i kierowca są zadowoleni. Jedziemy dalej. Pocę się coraz bardziej. Po godzinie podróży zaczynam się irytować.

– Kiedy będziemy na miejscu?

– Maksymalnie za piętnaście minut.

Po godzinie dojeżdżamy na miejsce... Rozglądam się i zaczynam się gotować wewnątrz. Biuro było oddalone o trzysta metrów od hotelu. *Ja pierdolę... No nic.* Wchodzę do środka. Klimatyzowane pomieszczenie. Pięknie. Znowu czuję ciarki na całym ciele. Jest bardzo przyjemnie poza jednym: pięć osób stoi przede mną w kolejce. Czekam pięć, dziesięć, piętnaście minut. Nic się nie rusza. Po dwóch godzinach udaje mi się kupić bilety. Następnego dnia lecimy do Ghany!

14. Impreza w Akrze

Podróże za każdym razem dają mi coś nowego, zarówno w spojrzeniu na świat, jak i w ocenie ludzi. Zupełnie zmieniają perspektywę.

— Martyna Wojciechowska

Akra – stolica Ghany – to inny świat w porównaniu z Nigerią. Możemy bez strachu chodzić po mieście. Przynajmniej tak nam powiedział dyrektor turnieju w Lagos. W podróży z lotniska do hotelu widzieliśmy już jakieś kolorowe domy, palmy. Po dwóch tygodniach szaro-burej kolorystyki wydawało nam się to miejsce całkiem w porządku. Dobrze, że nie musimy bać się o własne życie, wychodząc z hotelu. Po kolejnym turnieju, który poszedł mi nieco lepiej, bo wygrałem parę spotkań, mieliśmy kilka dni wolnego przed wylotem do domu. Zdecydowaliśmy z kolegą, że wyjdziemy na miasto zobaczyć, jak wygląda życie nocne w Akrze. Zapytaliśmy w recepcji, gdzie są jakieś fajne miejsca, żeby można było poruszać nogą. Parę klubów było oddalonych od hotelu o kilkanaście minut spacerem. Wystroiliśmy się i poszliśmy w miasto. Była 22:00 i całkiem ciemno.

Zmierzamy spokojnym krokiem w kierunku klubów. Po drodze lokalni handlarze starają się nam wcisnąć najróżniejsze rzeczy. Nie dajemy się nabrać, idziemy twardo do celu. Nagle ktoś nas woła miłym, kobiecym głosem. Z początku nie byłem pewny, ale za którymś z kolei powtórzeniem usłyszałem bardzo dokładnie: Seks, seks, seks, seks. Patrzymy na tę biedną prostytutkę, dziękując za usługę. Idziemy dalej. Po chwili mijamy drugą, trzecią, czwartą... Okazuje się, że jest ich kilkadziesiąt przy głównej ulicy. Gwiżdżą na nas, wołają – niektóre chwalą się swoimi atutami. Po chwili robi się trochę mniej ciekawie. Niektóre z dziewczyn są bardziej pewne siebie i podchodzą do nas, łapiąc za rękę, ramię czy krocze. Przyśpieszamy kroku, grzecznie dziękując.

Jedna dziewczyna jest jednak bardziej zdeterminowana od reszty. Staje przede mną, blokując przejście. Staram się ją ominąć, ale szybka jest, skubana. Widać, że bardzo jej zależy. Przyglądam się – jest bardzo chuda. Jakby na wzór modelek chodzących po wybiegu, tylko że nie wygląda na zdrową.

– Proszę, zerżnij mnie. Proszę, zerżnij mnie.

– Nie dziękuję, śpieszymy się z kolegą.

– Seks za sto dolarów, proszę...

– Nie, musimy iść.

– Za pięćdziesiąt.

– Nie dziękuję. Nie chcę seksu.

Zaczyna mnie ta sytuacja frustrować, bo dziewczyna trzyma mnie mocno za dłoń. Strach ją odepchnąć, ponieważ to niezbyt dobre miejsce i czas na nerwowe ruchy.

Staram się spokojnie wytłumaczyć, że i tak nic z tego nie będzie.

– Zerżnij mnie za dwadzieścia dolarów, proszę.

Kręcę znacząco głową, dając jej do zrozumienia, że nie ma takiej opcji.

– Proszę, za dziesięć dolarów.

W tym momencie przyjrzałem się jej trochę dokładniej. Porównanie do modelki było jednak niefortunne – była bardzo wychudzona. W jej oczach widziałem smutek. W sekundzie zrozumiałem, że ona walczy o przeżycie... Boże święty.

– Kup mi posiłek za seks.

Zdębiałem. Wbiło mnie w ziemię. Serce mi na chwilę stanęło, po czym znacznie przyśpieszyło. Prostytutka tarasuje mi drogę już dobre kilka minut. Okolica robi się coraz mniej ciekawa. Mam ochotę uciekać. W sekundzie zastanawiam się, czy nie dać jej pieniędzy, ale ich tam było pełno – strach wyciągać portfel. Podejmuję decyzję, że – niestety – nie pomogę. Nie chcę ryzykować, że wszystkie się rzucą na mnie. Tym bardziej, że w oddali widziałem alfonsa.

– Zerżnij mnie proszę. Kup mi przynajmniej zupę.

W tym momencie oniemiałem, przypomniała mi się sytuacja z dzieciństwa, gdy młodzi chłopcy naśmiewali się w niekulturalny sposób z koleżanki, mówiąc: *Dajesz dupy za talerz zupy.* Teraz to nie jest śmieszne, lecz smutne. Tragedia. Po chwili kobieta odpuściła, rzucając całą paletę niecenzuralnych słów w naszą stronę. Napotykamy przechodnia, pytamy o drogę do dyskoteki. Zostało nam kilkaset metrów. Wchodzimy do klubu.

Za dwadzieścia lat bardziej będziesz żałował tego, czego nie zrobiłeś, niż tego, co zrobiłeś. Więc odwiąż liny, opuść bezpieczną przystań. Złap w żagle pomyślne wiatry. Podróżuj. Śnij. Odkrywaj.

— Mark Twain

Nowy, inny świat. Wszyscy się uśmiechają. Wokół sporo Europejczyków i jeszcze więcej dziewczyn z Ghany. Jedna ładniejsza od drugiej. Rewia mody. Czuję się jak na dyskotece w Paryżu. Kupuję drink za drinkiem. Whisky zabarwiam symbolicznie colą. Siedząc przy barze, gdzieś z tyłu głowy widzę cały czas obrazy z Nigerii. Biedna prostytutka też siedzi w mojej głowie. Co za masakra... Gdy byłem już w stanie wskazującym, podeszły dwie miejscowe dziewczyny. Jedna bez słowa złapała mnie za krocze. Były bardzo atrakcyjne. Ale dziękuję za przygody, bo nie chciałbym wrócić do domu z „gratisem". Gdy powiedziałem, że nie mam pieniędzy, niemal w tej samej sekundzie odeszły. Po chwili zagadał do mnie i mojego przyjaciela pewien czarnoskóry człowiek. Nie pamiętam jego imienia. Powiedzmy, że nazywał się King. Miał równie fałszywy uśmiech co promotor walk boksu w Stanach. Rozmawialiśmy, zasypywał nas żartami. O dziwo, polubiliśmy się. Po jakiejś godzinie zaproponował:

– Jedziemy do innego klubu?

– Jakiego?

Nazwał imprezę „black party". Spojrzeliśmy po sobie. Nastała chwila ciszy.

– Raz się żyje, jedziemy!

Impreza z Kingiem. Akra 2006.

Wychodzimy z klubu i zmierzamy na parking. Stoi tam wielki pick-up, chyba marki Ford. Wsiadamy. Coś mi podpowiada, że to był zły pomysł, żeby z czarnoskórym nieznajomym jeździć w środku nocy po klubach w Ghanie. Oblecial mnie strach. Po chwili King to zauważył.

– Spokojnie, chłopaki. Jesteście bezpieczni.

Po tych słowach otwiera schowek, w którym leży pistolet. Daje mi go do zabawy. Uśmiech pojawił mi się na twarzy tylko przez chwilę. Za moment myślę sobie: *Co ja tu, kurwa, robię?* King miał bardzo dobry humor. Odbiciem tego była prędkość, z jaką zmierzaliśmy do klubu. Ponad 100 km / h przez miasto. Lubił sobie od czasu do czasu zjechać z drogi, żeby na poboczu poskakać po dziurach. W końcu miał dziesięcioletniego, terenowego pick-upa. Momentami wyraźnie przesadzał. Ale King miał taką frajdę z jazdy, że postanowiłem siedzieć cicho. Nigdy nie jeździłem z taką prędkością poboczem drogi... W ogóle nie jeździłem poboczem... Zacisnął hamulec ręczny i po półobrocie zaparkowaliśmy przed klubem. *Dzięki Bogu, nie wywiózł nas gdzieś na tortury. Uff... Kamień z serca.*

Klub wygląda jak połączone ze sobą garaże. Przed wejściem stoi wielki ochroniarz. King rozmawia z nim. Ochroniarz kręci głową, wyraźnie nie chce nas wpuścić. Otrzymuje łapówkę. Widać, że bramkarz jest niezadowolony, ale wchodzimy. Słyszę potężny bas. Czuję go na całym ciele. Trochę się stresuję, bo ta impreza odbywa się w szczerym polu. Mijamy drugiego bramkarza, który ze zdziwienia przeciera oczy. Nie widział tu jeszcze białych koleżków. Wchodzimy do środka. Zaraz po naszym wejściu wszyscy przestali się bawić i rozmawiać. Na kilka sekund zastygli nieruchomo. Nie dowierzali temu, co zobaczyli. Serce stanęło mi w gardle, ale podszedłem do baru, nie patrząc nikomu w oczy. Czułem się obserwowany jak nigdy dotąd. Bezczelnie pokazywali nas palcami. Zamówiłem drinki. Powiedzieć, że czułem się niepewnie, to mało. Zero kontroli. Byłem gdzieś poza miastem, w baraku, na czarnej imprezie w Ghanie. B*rawo, Dawid. Tego jeszcze nie zrobiłeś!*

Mojemu przyjacielowi i mnie zabrakło już gotówki, kart nie mieliśmy. Przyjaciel wyciągnął sto dolarów i poprosił barmana o wymianę na walutę Ghany – cedi.

– Nie ma problemu. Zaraz przyniosę pieniądze.

W tym czasie rozglądnąłem się po klubie. Trafiliśmy na karaoke. Przy wejściu byłem pewny, że to oryginalne nagrania lecą w tle. Myliłem się. Śpiewała tam nie dość że piękna, to jeszcze niesamowicie utalentowana kobieta. Potrafiłbym słuchać tego głosu bez końca. Ruszyłem na parkiet. Raz się żyje. Pokręciłem chwilę biodrami, a już po chwili dziewczyny same zaczęły mnie adorować. Puszczały oczka, prowokując mnie. Strach przy tych wszystkich tubylcach ryzykować. Ale co tam. *Niech się dzieje wola nieba.* Poderwałem jedną kobietę, a właściwie to ona mnie poderwała. Nie miałem wyjścia. To było silniejsze ode mnie. Chwilę potańczyłem i podchodzi do mnie z poważną miną mój przyjaciel.

– Idziemy.

Nawet nie zapytałem, o co chodzi.

– Wszyscy faceci dziwnie patrzą na ciebie i przyszedł czas, by opuścić lokal. Do tego nie ma moich stu dolarów ani barmana. Chyba uciekł ułożyć sobie nowe życie.

Gdy już wychodziliśmy, rozejrzałem się po klubie. Wielu facetom chyba się nie spodobało, że znalazłem się na tym parkiecie. Mówiąc wielu, mam na myśli około pięćdziesięciu. Podkuliłem ogon i wyszliśmy. King zawiózł nas do domu, robiąc sobie po raz kolejny rajd poboczem drogi. W końcu po co jechać asfaltową drogą, skoro można równie dobrze poboczem z przygodami, prawda? Do hotelu wróciliśmy około piątej nad ranem. Czułem, jak opadały ze mnie wszystkie emocje tego dnia. Uświadomiłem sobie, że zachowałem się nieodpowiedzialnie. Ale z drugiej strony cieszyłem się, że wszystko dobrze się skończyło. I nikt mi nie zabierze tego doświadczenia, wspomnień i lekcji życia.

15. Ocean w Ghanie

Podróżowanie jest brutalne. Zmusza cię do ufania obcym i porzucenia wszelkiego co znane i komfortowe. Jesteś cały czas wybity z równowagi. Nic nie należy do ciebie poza najważniejszym – powietrzem, snem, marzeniami, morzem i niebem.

— Cesare Pavese

Na dwa dni przed wylotem wyczekiwaliśmy już powrotu. Po ostatnich doświadczeniach byliśmy już syci. Nie potrzebowaliśmy kolejnych zastrzyków adrenaliny. Jednak czułem, że siedząc w hotelu kolejny dzień, chyba zwariuję. Zapytałem przyjaciela, czy przejdziemy się nad morze. Odmówił, więc stwierdziłem, że idę sam. Była 11:00. Wychodząc z hotelu, spytałem recepcjonistkę o drogę. Do plaży miałem kilka kilometrów. Trasa prowadziła może nie tyle przez slumsy, co przez wieś. Wszędzie kury, kozy, psy i koty. Dzieci biegały za murami, które oddzielały drogę od podwórek. Pogoda była piękna. Byłem już przyzwyczajony do uciążliwości wynikających z temperatury: nieprzyjemnego uczucia klejenia się i potu spływającego do oczu.

Idę i podziwiam krajobrazy. Jestem całkowicie obecny tu i teraz. Nie rozmyślam, nie oceniam, nie analizuję. Po prostu idę nad morze. Czuję, jak wyostrzają mi się zmysły. Czuję niesamowitą wolność. Po kilkunastu minutach spaceru czuję silne pragnienie. Nie zabrałem ze sobą nic poza drobną gotówką. Po chwili na horyzoncie widzę dwóch młodych chłopaków ciągnących coś na wzór taczki, a na niej kokosy.

– Przepraszam, czy mógłbym prosić jednego?

– Jasne, nie ma sprawy!

– Ile płacę?

– Nic. Na zdrowie.

Byłem zdumiony. Chłopak wyciągnął maczetę i kilkoma sprawnymi ruchami otworzył kokos. *Mmmmm... Przepyszny.* Był bardzo orzeźwiający. Już dawno nie czułem takiej ulgi. Woda z kokosa dla spragnionego jest niczym nektar dla bogów. Wyciągam równowartość dolara i dziękuję im. Bardzo się ucieszyli. Podziękowałem i zmierzam dalej w kierunku morza. Kompletnie nie mam pojęcia, gdzie idę. Słońce jest moją jedyną nawigacją. Kocham to uczucie, gdy idę w nieznane, gdy nie wiem, co mnie za chwilę spotka. Gdy czuję dreszczyk emocji. Idąc już dobre dwadzieścia minut, spotykam białego człowieka w środku wsi. Moje zdziwienie jest ogromne. Pytam się tego sympatycznie wyglądającego człowieka:

– Co pan tutaj robi?

– A... Miałem dość swojej pracy – odparł. – Podróżuję po świecie i piszę książki.

– O czym pan pisze?

– O wszystkim, co mi na myśl przyjdzie. – powiedział z uśmiechem na twarzy.

Pożegnanie z Ghaną. Spacer brzegiem oceanu, październik 2006.

Rozmawialiśmy dobre trzydzieści minut i wyruszyłem dalej. Po ponadgodzinnej wędrówce docieram do oceanu. Wieje mocno, ale to dobrze, bo jest bardzo gorąco. Przy tym wietrze upał już mi nie doskwiera. Plaża jest niesamowicie długa. Patrzę w prawo i w lewo, końca nie widać. Idę w lewo. Ściągam klapki i staję nad brzegiem oceanu. Po chwili spontanicznie skaczę do wody. Rewelacja. Leżę sobie nad samą wodą i patrzę daleko przed siebie. Czuję przyjemną bryzę na twarzy. Promienie słoneczne mnie rozgrzewają. Od dawna nie czułem się tak wolny. O niczym nie myślę. Nigdzie się nie spieszę. Nigdy nie czułem się tak obecny. Po chwili wstaję i idę dalej przed siebie. Gdy już jestem na kompletnym odludziu, spotykam młodego tubylca. Robi fikołki, salta, gwiazdy i fiflaki – sam jak palec. Podchodzę i siadam na konarze leżącego drzewa. Podziwiam wytrwałość i zaangażowanie młodzieńca. Widać, że dopiero się uczy, ale za każdym razem wychodzi mu coraz lepiej. Uśmiech nie schodzi mi z twarzy. Jestem w raju.

Nie było dotąd dnia w moim życiu, żebym tak mocno doświadczał wolności. Odkrywanie tego co nieznane daje ogromną przyjemność. Poczucie, że mogę robić co tylko chcę, jest wspaniałe. Kocham to. Mimo że ten wyjazd był największym wyzwaniem w moim życiu, będę tęsknił. Zmieniłem się. Coś we mnie pękło. Odnoszę wrażenie, że dojrzałem. Łzy same napływają mi do oczu. Płaczę ze szczęścia. Nigdy wcześniej tak się nie czułem. Obecny tu i teraz, spokojny, wolny i przede wszystkim szczęśliwy. Czas wracać do domu.

16. Powrót do domu

Wszędzie dobrze, ale w domu najlepiej.

Po przylocie do Warszawy wsiadam do mojego samochodu. Jestem szczęśliwy. Nie pocę się. Nie kleję się. Wspaniale... Temperatura na zewnątrz jest doskonała. Około siedemnaście stopni Celsjusza, słoneczko i piękne, błękitne niebo. Zostało mi trzysta kilometrów do domu. Wyłączam radio, relaksuję się i rozpoczynam ostatni etap podróży. Cisza, spokój. Nikt niczego ode mnie nie chce. Ruch na drodze jest płynny i przewidywalny. Mam wrażenie, jakbym płynął. Rozglądam się dookoła jak nigdy wcześniej. Wszystko mnie fascynuje. Widzę uśmiechniętych ludzi na ulicach. Nie zdarzało się to często w Nigerii. Jadę dalej, wjeżdżam na autostradę. Moje skupienie na drodze jest minimalne, bo ciągle podziwiam widoczki. Chmury na niebie układają się w niespotykany sposób. Wokół mnie jest zielono. Drzewa, pola, łąki, ptaki... Czuję się, jakbym był w Edenie. Mój stan jest bardzo podobny do tego, który towarzyszył mi nad brzegiem oceanu. Jestem bogatszy o jeszcze większą fascynację tym, co mnie otacza. Nigdy nie patrzyłem na życie w ten sposób. Czuję się niesamowicie. Jestem wdzięczny za to, że mogę podziwiać świat i mieszkać w tak pięknym, spokojnym i wolnym kraju. Mam co jeść, pić, czym podróżować. Nie muszę martwić się o przeżycie kolejnego dnia.

Umiem to wszystko docenić w ułamku sekundy. Dociera do mnie, jak bardzo ograniczone miałem patrzenie na świat przed tym trzytygodniowym wyjazdem. To, czego wcześniej nie dostrzegałem, teraz mnie fascynuje. To, czego nie szanowałem, teraz stanowi ogromną wartość. Przedtem wszystko wydawało mi się normalne, a teraz wręcz przeciwnie. Wszystko jest boskie. Przez ponad trzy godziny podróży utrzymuje się we mnie ten błogi stan. Obiecuję sobie, że już więcej nie będę narzekał na brak pieniędzy czy niewygody, bo nie wypada. To, jak ciężkie życie mają ludzie na całym świecie, przechodzi ludzkie pojęcie. Jak trudne musi być w takim razie doświadczenie morderstw, tortur, gwałtów i innych złych rzeczy, które są codziennością na naszej planecie... Cieszę się, bo wracam do moich najbliższych. Do rodziny.

Choroba pozwala poznać słodycz zdrowia, zło – dobra, głód – sytości, zmęczenie – wypoczynku.

— Heraklit z Efezu

Dzwonię do rodziców i dowiaduję się, że zapraszają mnie do naszej nowej restauracji. Zapomniałem, że dzień wcześniej było oficjalne otwarcie. Wyleciało mi to całkowicie z głowy. Zmierzam zatem bezpośrednio do nich. Restauracja jest ogromna. Wchodzę do środka i szukam rodziców. Gdy tylko ich zobaczyłem, wyściskałem ich bardzo mocno i wycałowałem.

– Kocham was. Nie macie pojęcia, jak się cieszę, że jesteśmy razem.

Pierwszy raz od chyba siódmego roku życia wyznaję rodzicom miłość... Zawsze odpowiadałem: *Ja ciebie też*. Zasiadam do bogato zastawionego stołu. W Afryce nie było takich rarytasów. Karmiłem się tam głównie tym, co zabrałem ze sobą. Zupkami chińskimi, konserwami i innymi świństwami. Zjadam przystawkę, zupę, drugie danie i kończę deserem. Przepyszne! Dawno nie jadłem tak smakowitych potraw. Nawrzucałem w siebie tyle, że ledwo mogę wstać od stołu. Gdy wracam do domu, okazuje się, że Nigeria i Ghana jeszcze nie powiedziały ostatniego słowa. Czyści mnie tak, że nie wiem, jak się nazywam. Kilka godzin spędzam w toalecie. Czuję, że coś jest nie tak, ale wierzę, że samo przejdzie. Przez następne dwa dni dalej to samo. Kilkanaście wizyt w toalecie dziennie. Chudnę o osiem kilogramów w dwa dni. Czuję się fatalnie. Jadę do szpitala.

Przyjeżdżam na ostry dyżur. W skrócie opowiadam lekarzowi, gdzie byłem i co robiłem. Przypuszcza tylko odwodnienie, niski poziom witamin i mikroelementów w ciele. Ciągle się pocąc, wypłukiwałem się z minerałów. Faktycznie, podczas wyjazdu za mało piłem i jadłem wartościowych rzeczy. Zapraszają mnie na kroplówkę, zapowiada się trzydniowy pobyt w szpitalu. Rewelacja... Wchodzę do dużego pomieszczenia w szpitalu.

– Proszę usiąść i czekać. Zaraz przyjdę i podam panu kroplówkę.

Po kilku minutach przychodzi pielęgniarka z igłą i całym sprzętem. Pochylając się, łapie mnie za prawą rękę. Bierze igłę i celuje w żyłę na zewnętrznej stronie mojej dłoni. Wbija, wbija i nic. Czuję spory dyskomfort, bo szoruje mi igłą po skórze.

– Nie potrafię przebić skóry. Dziwne... Pójdę po inną igłę.

Ku mojemu zdziwieniu nie była mniejsza. Druga próba. Łapie mnie tym razem mocniej. Ustawia się ciałem tak, jakby chciała to zrobić na siłę. Ból dwa razy silniejszy niż za pierwszym razem, bo też napiera mocniej igłą na moją dłoń.

– Co jest grane? Kasiu, chodź, zobacz. Nie potrafię wbić igły.

Wprawiło mnie to w dobry humor. Z uśmiechem na twarzy mówię:

– Do dziesięciu razy sztuka...

Po chwili już cztery pielęgniarki były wokół mnie. Zaczynam odczuwać delikatny stres.

– Spróbuj wbić ją gdzie indziej – podpowiada koleżanka.

Druga dłoń – to samo. Kolejna próba – w okolicy prawego łokcia. Dalej nic. Nie potrafią przebić mi skóry! W końcu pielęgniarka idzie po trzecią igłę. Myślałem, że ta druga była duża, ale się myliłem. Ta była ogromna! Przychodzi pielęgniarka z większym doświadczeniem. Młode dziewczyny ewidentnie nie dają sobie rady. Kolejna siostra była bardzo pewna siebie.

– Dajcie mi to.

Łapie mnie bardzo mocno za rękę. Zapiera swoją o kolano, tworząc dźwignię. Modlę się, żeby nie przedziurawiła mnie na wylot. Pierwsza próba nowej sanitariuszki. Nic z tego. Zaczynam mieć obolałe ręce od tego szorowania ostrą igłą po mojej skórze. Zmiana ręki. Dalej nic. Teraz widzę coś niesamowitego w jej oczach, jakby obsesję. Widzę, że bardzo jej zależy, by tym razem się przebić. Boję się jak cholera. Zaparła się porządnie i wbiła igłę. Krzyknąłem, zabolało mnie bardzo, bo chyba nie trafiła tam, gdzie planowała. Krew trysnęła na prawo i lewo. Szybkie tamowanie i po sprawie.

Poprawiła i jest dobrze – udało się za dziewiątym podejściem. Pielęgniarki były zszokowane.

– Koniec przedstawienia! – wykrzyczała ich przełożona.

Uff... Miło, że już po wszystkim. Nie mam nic przeciw pobieraniu krwi, ale jak ktoś się zapiera, by wbić igłę w moją rękę, to już zupełnie co innego. Nie polecam.

Pierwszy dzień w szpitalu to jakaś maskara. Nudy jak cholera. Telewizor działa jak automat do coli. Żeby przez chwilę coś pooglądać, trzeba wrzucić dwa złote. *To chyba jakiś żart...* Nie mam oczywiście drobnych. Pięknie. Kładę się spać, jestem wykończony. Rano budzi mnie pielęgniarka śniadaniem do łóżka. Prawie jak na wakacjach. Patrzę, co mi przyniosła i nie wierzę w to, co widzę. Kromka chleba i kawalątek masła.

– Przepraszam, a gdzie reszta?

– To nie „Hilton"! – uśmiecha się pielęgniarka.

Myślę sobie, że to akurat zauważyłem.

– Ale jedna kromka i masła tyle, co kot napłakał? Nie żartuje siostra?

Jak się okazało, nie byłem przyzwyczajony do warunków szpitalnych. Znudzony leżeniem i monotonią, postanawiam zwiedzić szpital. W gustownej piżamie, cieplutkich kapciach i z kroplówką na rusztowaniu na kółkach ruszam na „obchód". Gdy przechodzę obok kolejnych pokoi, czuję ciarki na całym ciele. W jednej sali kilka osób płacze nad łóżkiem chorego.

Chyba miał ciężki wypadek – myślę. Później się okazało, że młody chłopak został sparaliżowany. Jechał wieczorem na rowerze i został potrącony przez samochód. *Jezu... Co za tragedia.* Przechodząc obok następnych sal, słyszę dziwne dźwięki – jednostajnie wykrzykiwane *Aaa... Aaa... Aaa...* Brzmi to tak, jakby ktoś potrzebował pomocy. Uchylam drzwi i zerkam do środka. Okazuje się, że to starszy pan wyje z bólu. Nie mam pojęcia, co mu jest, ale nie jest z nim dobrze. Idę do dyżurki.

– Siostro! W pokoju 111 jakiś pan wyje z bólu. Coś jest chyba nie tak?

Nie zdążyłem skończyć zdania, gdy ta przerwała mi i powiedziała, że od tygodnia tak wyje.

– To normalne.

Zero przejęcia na twarzy pielęgniarki. Trochę to mną wstrząsnęło.

– Może poda mu siostra jakieś leki przeciwbólowe?

– Od kilku dni jest na morfinie. To na nic.

Brak mi słów. Idę dalej korytarzem. Mój wzrok i słuch znacznie się wyostrzyły. Boże... ludzie tutaj mają trudne przypadki. Cierpią, spać nie potrafią, czekają ich skomplikowane operacje. Gdy już skończyłem swoją wycieczkę, byłem zdruzgotany. W ogóle nie doceniałem tego, jaki byłem zdrowy. Część z tych ludzi spędza tu miesiące, a niektórzy nawet umierają. Nie mija godzina, a ten starszy pan, który konał w pokoju 111, odszedł. Umarł, wyjąc z bólu. Brak słów. Po kilku godzinach refleksji wstaję i proszę o wypisanie mnie. Po Nigerii i Ghanie wystarczy mi już negatywnych doświadczeń. Wracam do domu. Nie chcę tu być ani minuty dłużej.

17. Wnioski

Podróże mają magiczną moc uzdrawiania duszy i zdecydowanie pomagają zdystansować się do problemów dnia codziennego. Nie rozwiązują ich bezpośrednio, jednak pomagają przewartościować i spojrzeć na nie jakby z drugiego brzegu rzeki.

— Martyna Wojciechowska

Przypadkowi ludzie, miejsca i sytuacje życiowe stale mnie zmieniały. Z każdym doświadczeniem przechodziłem większą lub mniejszą transformację. Czasem w ułamku sekundy zmieniały się odczuwane przeze mnie emocje, reakcje, gestykulacja, myśli, a nawet wartości czy charakter. Innym razem potrzebowałem czasu, by się zmienić i stać się kimś nowym, jednak nigdy nie było to w pełni zależne ode mnie. Nie decydowałem świadomie, jakim chcę być człowiekiem –to świat zmieniał mnie. Wiele lat reagowałem nieświadomie na otaczającą mnie rzeczywistość. Byłem zlepkiem ludzi, którzy mnie wychowywali, oraz przypadkowych sytuacji. Stworzyli mnie rodzice, przyjaciele, trenerzy, partnerki, szkoła, telewizja, gazety i internet, to nie ja zdecydowałem, jakim chcę być człowiekiem. Byłem jak marionetka, którą sterowały doświadczenia życiowe. Byłem zakładnikiem przypadku.

Jeżeli zastanowisz się przez chwilę, dlaczego jesteś jaki jesteś, będziesz mógł poszczególnym osobom podziękować za stworzenie Twojej osobowości. Część cech charakteru masz zapewne po mamie, inne po tacie. Przyjaciele czy środowisko, w którym przebywałeś przez długi czas – to też zapewne miało wpływ na Ciebie. Najbardziej i najszybciej zmieniało Cię to, co najtrudniejsze i najlepsze w Twoim życiu. Każda osoba, którą spotkałeś na swojej drodze, i każda sytuacja zmieniała Ciebie, ale nie Ty sam! Gdybyś chciał nadać imię osobowości, która przypadkiem ukształtowała się pod wpływem doświadczeń, byłoby to ego.

Czy zastanawiałeś się kiedykolwiek, jaką być osobowością jutro? Jakie przyjąć cechy charakteru? Nie robisz tego, bo nikt Ci nie powiedział, że tak można. Nikt Cię tego nie nauczył. By wpaść na to przez przypadek, potrzeba niemal cudu. Niesamowitego zbiegu okoliczności. Dlatego napisałem tę książkę. Byś uwolnił się z łańcuchów przeszłości. Byś sam zdecydował, jaką być osobowością. Świadome tworzenie osobowości jest następnym etapem w rozwoju całej ludzkości.

18. Przebudzenie

Życie nieświadome nie jest warte tego, by je przeżyć.

— Sokrates

Prędzej czy później każdy z nas zdaje sobie sprawę, że coś jest nie tak ze światem. Codzienna walka z przeciwnościami losu, stresem, nieuprzejmymi ludźmi i do tego niepewna przyszłość wcale nie pomagają zrozumieć, jaki to wszystko ma sens. Popadając w monotonię dnia codziennego i nie czerpiąc przyjemności z życia, w końcu dopadnie nas pytanie o jego sens. Jedni zadadzą je w okresie wchodzenia w dorosłość, inni u schyłku życia. Niestety, samo zadanie pytania nie wystarczy. Potrzeba chęci i determinacji do uzyskania satysfakcjonujących odpowiedzi.

Pierwszą poważną rozmowę odbyłem sam ze sobą w wieku dziewiętnastu lat. Był to okres, w którym zastanawiałem się, czy dalej próbować sił w sporcie, czy zająć się biznesem. Ogólnie rzecz biorąc, nie miałem zielonego pojęcia, w którą stronę się zwrócić. Robiłem wszystko, żeby uniknąć rozmowy ze sobą i znalezienia odpowiedzi na pytanie: co dalej z moim życiem? W którymś momencie miałem już wszystkiego dość. Czułem się każdego dnia coraz gorzej. Pewnej nocy wsiadłem w auto i zacząłem gnać przed siebie. Gdy głośna muzyka i duża prędkość przestały mnie satysfakcjonować, postanowiłem przejechać się nad jezioro. Gdy dojechałem na miejsce, była pierwsza w nocy. Wysiadłem z auta, położyłem się na piasku i patrząc w bezchmurne niebo pełne gwiazd, rozpocząłem najważniejszą rozmowę w moim życiu. W ciągu trzech godzin zadałem sobie więcej pytań niż do tamtej pory w ogóle. A najlepsze jest to, że na prawie żadne z nich nie potrafiłem odpowiedzieć. O co chodzi w tym świecie? Co chciałbym robić w przyszłości? Jak to jest, że żyjemy i umieramy? Dlaczego ze sobą rozmawiam, skoro powinienem bez słów siebie rozumieć? Czy zmieni się cokolwiek, gdybym umarł dziś? Na samym końcu, gdy już wiedziałem, że i tak nie odpowiem na wszystkie te pytania, zadałem sobie ostatnie. I tym razem udzieliłem odpowiedzi. Zapytałem: Skoro nie mam zielonego pojęcia, o co chodzi w tym dziwnym świecie i nie zamierzam odbierać sobie życia w związku z moimi problemami, bo nie chciałbym, żeby moi rodzice i najbliżsi cierpieli, to jak chcę spędzić ten czas? Po długim namyśle odpowiedziałem: Chcę być szczęśliwy. To był jeden z najszczęśliwszych momentów w moim życiu. Gdyby nie umiejętność zadawania pytań, której nauczyłem się od mojego mistrza, prawdopodobnie nigdy bym się nie przebudził.

— fragment książki „Niemożliwe"

Budzę się. Nie czuję zmęczenia. Mam wrażenie, jakbym był lżejszy niż zwykle. W końcu zeszłej nocy zrzuciłem potężny plecak pełen wątpliwości, strachu i obaw. Ogarnia mnie wewnętrzny spokój. Jestem wolny. Mimo że dalej nie wiem, co mam robić i kim chciałbym być. Wiem, że chcę być szczęśliwy. Już zdecydowałem. Nie będę się niczym więcej przejmował. Rozglądam się wokół siebie. Wszystko wydaje mi się nowe i niesamowite.

Wsiadam do samochodu. Patrzę na deskę rozdzielczą. *Ile ktoś musiał włożyć miłości i pasji, by stworzyć te kształty... Patrząc na drzewa, zastanawiam się: Jak to jest, że one same rosną? Co roku liście opadają i odradzają się na nowo. Patrzę w niebo: Jakie to niesamowite...* Żyjemy na kulce zawieszonej w przestrzeni. Skąd ten błękit? Piękne. Przypomina mi się mój stan po powrocie z Nigerii i Ghany. Jestem odprężony. Czuję wolność. Wszystko jest niesamowite. Dostrzegam rzeczy, na które nigdy wcześniej nie zwracałem uwagi. Czuję, jak ciarki przechodzą mi po plecach. Szczęście wylewa się ze mnie. Uśmiecham się sam do siebie jak jakiś wariat, ale dobrze mi z tym. Nigdy nie czułem się tak wspaniale. Gdy się zatrzymuję na światłach, zwracam uwagę na moje dłonie. Ruszam nimi płynnie w dół i w górę. Bawię się nimi jak małe dziecko. *Niesamowite. Moje ciało samo reaguje. Jakby wiedziało, co chcę zrobić. Jak to działa?* Stykam dwa palce ze sobą, prostuję palce i zamykam dłoń. Odwracam ją we wszystkich możliwych kierunkach. *To niemożliwe, że każda komórka mojego ciała wie, co ma robić. Przecież składamy się z kości i mięśni. Jakim cudem mogę władać swoim ciałem tak precyzyjnie? Mogę wstać, biec albo nic nie robić. O co tu chodzi?*

Nagle dociera do mnie, że odkąd zdecydowałem się być szczęśliwy, czuję się świetnie. *Czyli emocjami też mogę manipulować? No tak... Odkąd zdecydowałem, że chcę być szczęśliwy, tak właśnie się czuję. Przez tyle lat wmawiałem sobie sam, że jestem nieszczęśliwy, a miałem moc, by nad tym zapanować... Przecież to ode mnie zależy, jak się czuję. To oczywiste! Ha, ha, ha! Nie wierzę! Jak mogłem być tak głupi?* Zaczynam śmiać się głośno. Śmieję się z mojej głupoty, jak i z radości towarzyszącej nowemu odkryciu. W głowie mi się nie mieści, jakie to było proste, a zarazem jakie niesamowite! *Skoro mogę czuć się dobrze na zawołanie, to może potrafię przywołać dowolne emocje?* Wmawiam sobie na zmianę poczucie smutku, szczęścia, pewności, stresu. Bawię się swoimi emocjami. Po chwili dociera do mnie kolejna rzecz. *Jak to jest, że gadam ze sobą? Zadaję pytanie... I kto odpowiada? Ja, ja i ja? Jak mogę zadawać pytania, jednocześnie znając odpowiedź? To po co je zadaję? Hmm... O co tu chodzi?* Ciekawość, chęć poznania, rozwiązania tych i innych problemów rozrywa mnie od wewnątrz. Mam tyle pytań, a tak mało odpowiedzi.

Po powrocie do domu włączam komputer i zaczynam szperać w internecie. Wpisuję w wyszukiwarkę hasło „kontrolowanie emocji". Oglądam jeden wykład za drugim, ale nie potrafię znaleźć niczego ciekawego. Same banały. Skaczę tak z filmiku na filmik. Gdzieś pojawia się hasło „świadomość". Bardzo mnie to interesuje. Zaczynam pochłaniać wiedzę. Oglądam wykłady z całego świata, głównie po angielsku, bo bardzo mało informacji jest dostępnych w moim ojczystym języku. Przy którymś z kolei filmie doznaję olśnienia. Staram się zebrać myśli. To po prostu przechodzi ludzkie pojęcie! *Boże... Ile tu wiedzy. Ilu ciekawych ludzi. Ile materiałów. Samokontrola. Ego. Przebudzenie. Oświecenie. Manipulacja. Szczęście. Pewność. Wszystko na wyciągnięcie ręki, w jednym miejscu.* W tym momencie czuję się, jakby ktoś wrzucił mnie do oceanu wiedzy. Jest mi w nim wspaniale. Zaczynam pochłaniać wiedzę jak narkoman. Uzależniam się od samodoskonalenia.

Przez następne kilka lat codziennie bombardowałem mój umysł nowymi informacjami. Całymi dniami i nocami siedziałem przed komputerem, oglądając najmądrzejszych ludzi naszej planety. Z każdym dniem uczyłem się czegoś nowego. Wreszcie potrafiłem nazwać to, co się ze mną stało. Kolega Budda odkrył to co ja, tylko wiele lat temu. To przebudzenie. Nagle okazało się, że to wiedza duchowa. *Dlaczego nazywają to wiedzą duchową, skoro wszystko w niej jest takie praktyczne i normalne? Kontrolowanie emocji i myśli. Świadome tworzenie nawyków. Uwolnienie się od negatywnych emocji. Przenikające szczęście i spokój wewnętrzny. Niby można nadać temu wartość duchową, ale sam tego tak nie odbieram, bo rozwój duchowy bardziej kojarzył mi się z duchami niż z praktyczną wiedzą.* Przymykam oczy na nazewnictwo i wyciągam z tych informacji jak najwięcej praktycznych umiejętności.

Niesamowite jest to, jak wiele zbiegów okoliczności musiało się wydarzyć, żebym doszedł do tego miejsca.

Całe moje życie było jednym wielkim przypadkiem. Urodziłem się w przypadkowym miejscu, ukształtowali mnie przypadkowi ludzie, przeżywałem przypadkowe emocje, towarzyszyły mi przypadkowe myśli, podejmowałem przypadkowe decyzje. Moje działania były wypadkową tych wszystkich zbiegów okoliczności. Sterowało mną ego. Wydawać się może, że w jednej chwili to się zmieniło, ale ile rzeczy musiało przypadkowo wydarzyć się w moim życiu, żebym znalazł się w tym miejscu, w którym jestem dziś... Dlatego niczego nie żałuję. Jestem wdzięczny. Zaczynam wieść przebudzone życie.

EGO VS JA

19. Zwykły dzień nieświadomego J. Kowalskiego

Bądźmy wdzięczni idiotom. Gdyby nie oni, reszta nigdy nie osiągnęłaby sukcesu.

— Mark Twain

Wstaję rano, patrzę na zegarek. *Dlaczego już jest szósta i muszę wstać? Na dworze jeszcze ciemno, a bez kołdry potwornie zimno.* Biegnę szybko zrobić kawę, żeby się obudzić. *Znowu za późno wstałem* – wściekam się na siebie. Szybka kąpiel. Zerkam nerwowo na zegarek. Czas ucieka. Wybiegam z domu w pośpiechu. *Czy na pewno zamknąłem drzwi?* Wracam, żeby się upewnić. Zamknięte. *Wrrr...* Wracam do zimnego auta. Ale zimno! Zaraz zamarznę. Wyjeżdżam na drogę. *Dlaczego oni wszyscy tak, k***a, wolno jadą?* Jestem jak tykająca bomba. Mam piętnaście minut spóźnienia, bo jakiś idiota nie wymienił chyba akumulatora na zimę i stoi na środku skrzyżowania. *Ja pie****ę.* Wchodzę do pracy zestresowany i myślę sobie: *Dlaczego ja tu muszę pracować? Dlaczego to życie jest takie popieprzone?* Siedzę niezadowolony. Jedyne, o czym myślę, to czas na drugą kawę. Patrzę tępo w monitor i udaję, że coś robię. Idę zrobić sobie kawę. *Mmm... Ale przyjemnie. Kocham moją kawunię.* Czuję przypływ energii. Nieznaczny, ale zawsze coś. Jednak stres i niesmak tego źle rozpoczętego dnia pozostaje. *No nic... Kolejny spieprzony dzień. Byle do piątku.* Nagle wchodzi szef. Czuję napięcie w całym moim ciele. *Ja pie*****ę, musiał przyjść pięć minut wcześniej? Recytuje, co ja i inni podwładni mamy robić, jakby, k***a, sam nie mógł dupy ruszyć. Szef, pan i władca swojego kurwidołka. Obiecuję, że do końca roku rzucę temu baranowi wypowiedzenie w twarz.*

Mija rok. Dalej siedzę w tej zasranej pracy. *Co ja tu jeszcze robię? Przecież miałem stąd spie**alać.* Czuję bezsilność. Brak jakiejkolwiek motywacji. *Ta praca mnie wykończy.* Wrze we mnie, ale zakładam na twarz maskę pod tytułem „pracownik miesiąca". Przysięgam sobie jednocześnie, że zaraz stąd ucieknę. *Co ja tu robię za 2 300 zł? Tyle lat nauki... Na diabła mi to było? Te złote rady rodziców. Tyle lat zmarnowałem. Chciałem handlować samochodami. Co ja robię w tej zasranej firmie? Muszę się dzisiaj napić.* Wracam do domu. Nawet nie zdaję sobie sprawy, że otwieram nowy rozdział w moim życiu – alkoholizm. W każdy poniedziałek modlę się o piątek, żeby wyjść do ludzi, pobawić się trochę. Przychodzi piątek. *Nareszcie... Szkoda tylko, że zaraz weekend się skończy.* Plany na te kilka dni już dawno ustalone. Impreza! Wychodzę ze znajomymi do klubu. Ubieram maskę. Udaję, że jestem szczęśliwy. Upijam się. Zapominam o bożym świecie. Nie ma problemów i znienawidzonej pracy.

– Cześć. Postawić ci drinka?

Tak poznałem moją żonę. Szybko bierzemy ślub. Dziewięć miesięcy później przychodzi na świat dziecko. Z początku się cieszę. Później do mnie dociera: *Co ja zrobiłem? Jak mam utrzymać trzy osoby?* Rozpoczynają się kłótnie o pieniądze.

– Czy mogłabyś, k***a, przestać kupować te szmaty? Nie rozumiesz, że nie mamy pieniędzy?

Robię się coraz bardziej wulgarny, bo nerwy już mi dawno wysiadły. Wylewam na żonę moje wszystkie frustracje. Ona jak popieprzona mnie kontroluje. Zna wszystkie moje hasła do facebooka, poczty. Nawet do toalety nie mogę pójść w spokoju, ale w dupie to mam, bo nie mam czasu zebrać własnych myśli, a co dopiero myśleć o innych laskach. Kładę się do łóżka. *Co ja mam zrobić? Nie ma kasy. Od rodziców nie wezmę. Nie ma takiej opcji! Kiedy ta paniusia weźmie się do pracy? Ja pie****ę... Można mówić i mówić, a ona swoje. A co, jak mnie zwolnią? To koniec. Chyba się powieszę.* Ciało i umysł, zamiast wypoczywać, z każdej strony są atakowane obawami o przyszłość. Wszystkie stresy odbijają się na mojej rodzinie.

Dwadzieścia lat później: *Jestem nieudacznikiem. Żona mnie zostawiła dla jakiegoś frajera. Dzieci nienawidzą. Sam siebie nienawidzę. Chciałem coś osiągnąć... Dno. Porażka. Nie chce mi się dłużej żyć. Byle do piątku...*

Tak wygląda wewnętrzny dialog i życie sporej części naszego społeczeństwa. Tacy ludzie są negatywnie nastawieni do otaczającego świata i do siebie samego. Nie zdają sobie sprawy, że te wszystkie myśli towarzyszące im w głowie są wytworem ludzi, jakimi się otaczali. Wierzą w każde wypowiedziane słowo w swojej głowie. Na potwierdzenie tych myśli i wierzeń dostają emocje, które utwierdzają ich w przekonaniu, że mają rację. *Przecież moje życie jest do dupy!* (emocje towarzyszące: uczucie bezsilności, niezadowolenie, złość itd.). Gdy przez dłuższy czas będą tak myśleć i zachowywać się, wyrobią w sobie nowy nawyk. W zależności od tego, jakie masz nawyki, taką jesteś osobowością. W zależności od tego, jaką jesteś osobowością, taką będziesz miał przyszłość – w płatkach róż lub cierniach.

Ludzie żyją przeszłością. Cierpią, bo kiedyś ponieśli klęski finansowe, zawodowe lub osobiste. Nie traktują doświadczeń jak nauczyciela, tylko jak kata. Nie zdają sobie sprawy, że każdą sytuację życiową można różnie interpretować. Nie potrafią spojrzeć szerzej na świat, za to patrzą na czubek własnego nosa. Nie dostrzegają, że inni ludzie mają dużo gorsze problemy. Nie interesuje ich to ani trochę. Nie rozumieją, że nie wypada im się złościć, stresować czy przejmować.

Inni obawiają się przyszłości. Nie wiedzą, czy dostaną przedłużenie umowy o pracę, czy dostaną wymarzoną posadę, czy znajdą swoją drugą połowę. Nie rozumieją, że albo będzie po ich myśli, albo nie. I czym tu się stresować? Zamiast przejmować się, powinni podjąć działania, by wszystko poszło tak, jak tego pragną. A co, jak nie wyjdzie? Trzeba to przyjąć „na klatę", ale przejmowanie się na pewno w niczym nie pomoże. Psuje tylko nastrój, nic poza tym.

20. Wiara w myśli ego

To nie świat i ludzie wokół ciebie czynią cię szczęśliwym lub nieszczęśliwym, ale twoje myśli.

— Anthony de Mello

Mam nadzieję, że to, iż stałeś się sobą przez przypadek, jest już jasne. To doświadczenia stworzyły Twoją osobowość, a nie Ty sam zdecydowałeś, jakie mieć poszczególne cechy charakteru, prawda? Cechy charakteru, z którymi najchętniej byś się pożegnał, są tego najlepszym dowodem. Tak jak ukształtowała Ci się przypadkowa osobowość, bo wychowałeś się w przypadkowym kraju, mieście, rodzinie czy szkole, tak samo kształtują się nasze myśli i wierzenia. W zależności od tego, jakie mieliśmy doświadczenia, takie rzeczy będziemy uważać za możliwe lub niemożliwe, łatwe albo trudne, przyjemne bądź nieprzyjemne. Dla jednych niemożliwe jest zarabianie 10 000 zł miesięcznie, bo to bardzo dużo pieniędzy! Dla innych niewyobrażalne jest zarabianie 100 000 zł miesięcznie, bo oni zarabiają miliony dolarów. To, co uważamy za możliwe lub nie, czy jesteśmy szczęśliwi albo nieszczęśliwi, zależy bezpośrednio od ludzi, którymi się otaczamy na co dzień. Od naszych rodziców, przyjaciół, szkoły i mediów zależy, jakie zakodowały się w naszym umyśle myśli, wartości i wierzenia.

Najlepszym dowodem na istnienie automatycznych myśli ego w twojej głowie są chwile, zaraz przed zaśnięciem. Im więcej masz problemów na głowie lub emocjonalnych wydarzeń w ciągu dnia, tym więcej myśli się przed zaśnięciem. Miałeś taką noc, że nie potrafiłeś zasnąć przez natłok myśli? Oczywiście, że tak. Chciałeś przestać myśleć, ale nie potrafiłeś. Kto zatem wypowiadał te myśli, skoro chciałeś je wyłączyć, a nie potrafiłeś?

Zanim przystąpisz do dalszego czytania, musisz wykonać to ćwiczenie. Sam nigdy nie robiłem ćwiczeń, gdy czytałem książki, ale to ćwiczenie naprawdę musisz wykonać, bo inaczej nie zrozumiesz, czym jest i jak działa ego.

Ćwiczenie:

1. Usiądź lub połóż się wygodnie i zamknij oczy.
2. Postaraj się zapanować nad umysłem i nie myśl o niczym.
3. Staraj się „łapać" na tym, gdy umysł wystrzeli jakąś myśl, bo i tak coś w Twojej głowie się pojawi.
4. Nie rozwijaj historii w głowie! Staraj się nie myśleć! Absolutna pustka!
5. Zapamiętaj, o czym pomyślałeś, chociaż nie powinieneś.
6. Zapanuj nad własnym umysłem i nie myśl przez trzy minuty. Czas: start!

Jeżeli dostrzegłeś, że coś myśli samo z siebie w Twojej głowie, szczerze gratuluję. Doświadczyłeś właśnie dualizmu. Ego „nawija" bez zastanowienia, a świadomość przygląda się tym myślom, jakby nie były Twoje. Te automatyczne myśli to ego – zakodowane w Twojej podświadomości. Myśli same napływają, nie potrafisz tego kontrolować. Niesamowite, prawda? Ludzki umysł jest tak dziwnie skonstruowany, że sam z siebie myśli. Wystrzeliwuje słowa niczym karabin maszynowy. W zależności od tego, czy otaczałeś się milionerami, ludźmi ubogimi, sportowcami czy wieśniakami, w każdym przypadku miałbyś inne wierzenia na temat tego, co jest, a co nie jest możliwe. Co jest, a co nie jest prawdą. W każdym przypadku byłbyś inną osobą i inne rzeczy osiągałbyś w przyszłości.

Szkoda, że nie można nagrywać własnych myśli, bo zapłaciłbym majątek, żeby odsłuchać swoją pierwszą świadomą medytację. Poszedłem do ogrodu przy moim domu, usiadłem wygodnie i zamknąłem oczy. Jedyne, co słyszałem, to śpiew ptaków. Jednak swoją uwagę powinienem skupić na oddechu i tak zrobiłem – przystąpiłem do próby wyłączenia myśli. Pamiętam pierwsze myśli ego, które same się pomyślały: I co? Mam tak siedzieć? Po co? Przecież nic się nie dzieje, po chwili zupełnie bez sensu: Dorabiać te klucze czy nie? Po około minucie zorientowałem się, że przecież miałem nie myśleć. I znowu myślę: Nie myśl! Po chwili znowu jakieś dziwne sytuacje mi się przypominały, myślałem o przyszłości albo tworzyłem jakieś dziwne wizje. Tym razem szybciej złapałem się na tym, że przecież miałem nie myśleć. Po około dziesięciu minutach zadałem sobie pytanie: kim jest to coś, co myśli za mnie? Pierwszy raz zorientowałem się, że jest nas dwóch: ego gada samo z siebie, a drugi, świadomy Ja, wie o tym i nie wierzy w rzeczy, które słyszy we własnej głowie. Później zrozumiałem, że brałem na wiarę wszystkie samomyślące myśli w mojej głowie. Z jednej strony bardzo mnie to rozbawiło, z drugiej zaś byłem zaniepokojony, bo czyż nie wydaje się szaleństwem wierzyć w myśli samomyślące się, tworzone pod wpływem doświadczeń? Na szczęście zrozumiałem, że mogę wykreować nowe nawyki myślowe w miejsce starych. A dopóki tak się nie stało, przestałem się przejmować tymi automatycznymi myślami ego. Najważniejsze, żeby nie wierzyć ślepo w każdą wypowiedzianą w głowie myśl. Warto zadawać sobie pytania: Czy na pewno chcę tak myśleć? Czy chcę mieć takie zdanie o tej sytuacji? Czy chcę się tak czuć? I tak dalej. Im więcej pytań, tym większa szansa na całkowite wytępienie starych nawyków myślowych ego.

— fragment książki „Niemożliwe"

Dzięki medytacji zrozumiałem, że myśli same myślą się w mojej głowie. Co nie znaczy, że medytuję codziennie, siedząc po turecku. Teraz cały czas kontroluję to, co wpada mi do głowy. Każda myśl musi najpierw przejść przez filtr. Po wielu latach praktyki doskonale wiem, kiedy zaczynam „odlatywać", gdy myśli ego zaczynają kotłować się w głowie. Obecnie jest tak, że przestałem wierzyć w myśli. Dzięki temu mam święty spokój. Gdy męczy mnie coś negatywnego, po prostu tego nie słucham. Nie angażuję się w te myśli, jakby nie były moje.

Wiele osób zmaga się z autodestrukcyjnymi myślami ego. Niestety, nic na to nie możemy poradzić, bo taka już jest natura umysłu – myśli dokładnie to, co mu się zakodowało. Dlatego bardzo duże znaczenie ma najbliższe otoczenie. Mając wokół pozytywnych czy wybitnych ludzi, sam staniesz się w mniejszym lub większym stopniu wybitny. W przypadku gdy cały świat, jaki znasz, to przeciętne zarobki, przeciętne szczęście, przeciętne możliwości czy notoryczne problemy, to sam najprawdopodobniej staniesz się przeciętny. Wiara w myśli jest motorem napędowym zarówno ogromnego sukcesu, jak i druzgocącej porażki. Twoje wierzenia mają bezpośredni wpływ na emocje, one z kolei na motywację i podjęte działania. Uważaj zatem, w co wierzysz, bo skończysz tak, jak pomyślałeś.

To my mamy moc, by świadomie zdecydować, w które myśli wierzyć, a w które nie. Dopóki się nie przebudzimy ze snu ego, dopóty będziemy zakładnikami myśli. Czasem jedna myśl potrafi pociągnąć za sobą tysiące nowych. Tworzysz wizje i historie z najdrobniejszymi detalami, wierząc w nie, jakby były prawdą absolutną. A nie są! Myśli są iluzją. Dopiero gdy w nie uwierzysz, nabierają potężnej mocy – siły sprawczej w postaci działania lub jego braku.

Leżysz w łóżku przed snem. Masz co jeść i gdzie spać.

– Ego: Niby jest wszystko w porządku, ale nie do końca. Gdzieś głęboko czuję, że jestem nieszczęśliwy. Martwię się o przyszłość. Brak mi pewności siebie. Boję się zaryzykować. Chciałbym więcej od życia, ale coś niewidzialnego mnie powstrzymuje. Kiedyś miałem marzenia, ale teraz sam nie wiem, czego chcę.

– Świadomość: Zmienię coś w moim życiu! Zacznę biegać, znajdę nową pracę. Rzucę wszystko i rozpocznę od nowa!

– Ego: Kogo chcesz oszukać? To niemożliwe... Masz zobowiązania! To nie jest takie proste.

Wiara w negatywne myśli ego → negatywne emocje → nawyk → osobowość → przyszłość.

Wiara w negatywne myśli ego → brak motywacji, pewności i siły do działania → brak działania lub mizerna jakość działania → nawyk → osobowość → przyszłość.

Wyobraź sobie, że stoi za Tobą anioł stróż. Za każdym razem gdy wypowiadasz myśl, w którą wierzysz, on łapie się za głowę i kręcąc nią ze zdumieniem, mówi: *Niech stanie się wola Twoja* – podając Ci jednocześnie idealnie dopasowaną emocję do Twoich myśli. Przez wiarę w negatywne myśli typu: *Boję się zaryzykować,* zaczynasz faktycznie czuć strach! Gdy już czujesz ten dyskomfort w trzewiach, nikt Cię nie przekona, że może być inaczej. Bo w to wierzysz! Bo tak się czujesz! W nagrodę za głupotę spotka Cię niefajna przyszłość, którą ukształtowała przeszłość.

Wiara w sukces → pozytywne emocje → pewność siebie i silna motywacja → nawyk → osobowość → przyszłość.

Nie chodzi tutaj o mówienie sobie: *Myśl pozytywnie, myśl pozytywnie.* Musisz zrozumieć, że Twoje wierzenia kształtują przyszłość. To kwestia zrozumienia, a nie wiary. To jest logiczne, że jak wmawiasz sobie negatywne rzeczy, to skutki będą negatywne! Jeśli pozytywnie podejdziesz do siebie i ogólnie do życia – będziesz szczęśliwszy! Podstawą jest zrozumieć, że ego samo ukształtowało Twoje automatyczne myśli, emocje, zachowanie i nawyki.

Nie wiem, jakie masz cele czy marzenia. Niezależnie od tego, co chciałbyś osiągnąć – może to być szczęśliwa rodzina, pieniądze, wymarzona praca czy realizacja innych pragnień – najpierw musisz w to uwierzyć! Zrozumieć, że to jest możliwe! Bez pewności siebie i wiary w osiągnięcie czegoś dobrego, staje się to niemożliwe. Dlatego trzeba wierzyć, pragnąć i nigdy nie poddawać się. Nawet gdy ego szepnie Ci do ucha: *Nie oszukuj siebie. To przecież niemożliwe...*

21. Samokontrola emocji

– Cześć, Łukasz!

– Hej, co tam?

– Czy chciałbyś w pełni kontrolować emocje? Już nigdy nie być smutny, zły, zawiedziony, nie czuć tych wszystkich toksycznych emocji i zawsze być szczęśliwy?

– Ha, ha... A kto by nie chciał?! Jasne, że bym chciał.

– A co zrobiłeś w ostatnim tygodniu, miesiącu czy roku, żeby to osiągnąć?

– Eeee... Aaa, że niby tak można?

Nie uczymy się w szkołach samokontroli. Naszym rodzicom, dziadkom i pradziadkom też nikt nie powiedział, że można kontrolować emocje. Nieświadomym ludziom wydaje się to niewyobrażalne. W końcu nikt o tym nie mówi, w książkach mało kto rozpisuje się na ten temat, w internecie też jest mało informacji. Skąd by mieli wiedzieć? Wszystkie filmy i seriale są oparte na emocjach. Im więcej skrajnych emocji, tym bardziej „autentyczny", życiowy jest film... Aktorzy udają załamanie, furię, złość, gniew, nienawiść, zazdrość, szczęście, zakochanie oraz całą paletę pozostałych emocji. Gdy ktoś kogoś zdradzi, to media, znajomi czy społeczeństwo sugerują nam odpowiednie podejście, jak nienawiść czy brak przebaczenia, które kończą się często rozstaniem. Gdy ktoś nas obgaduje, to czujemy się pokrzywdzeni nieprawdziwymi osądami. Gdy nie zarabiamy wystarczającej ilości pieniędzy, nie czujemy pewności i nieustannie obawiamy się o jutro. Gonimy za poczuciem bezpieczeństwa i stabilizacji, które ma tyle wspólnego z życiem co piernik z wiatrakiem. W zamian czujemy dyskomfort, strach lub obawę. Myślimy sobie: *Co to będzie?* Szukamy miłości życia, bierzemy ślub w urzędzie, bo tak powinna wyglądać rodzina. Gdy zostawi nas ukochana osoba, czujemy smutek. Gdy ktoś nas okradnie, czujemy się pokrzywdzeni. Gdy ktoś zachowuje się nie tak, jak sobie tego życzymy, reagujemy frustracją czy poirytowaniem. Zwalamy winę za nasz stan emocjonalny na innych, jakby była czyjaś, a nie nasza. Autopilot, autopilot, autopilot.

A gdyby można było reagować tak jak chcemy, a nie jak wszystkie znaki na niebie i ziemi nam podpowiadają? A gdyby można było czuć się dokładnie tak, jak sobie tego życzysz, niezależnie od sytuacji życiowej? A jeżeli to Ty masz moc, by kontrolować swoje emocje, tylko nigdy nie zdawałeś sobie z tego sprawy? W końcu nikt w Twoim otoczeniu nie mówi o takich rzeczach, prawda? Nigdy nie słyszałeś o tym, nikt Cię tego nie nauczył. Ale czy jest możliwe, żeby niezależnie od sytuacji życiowej reagować świadomie? Oczywiście, że tak! W końcu to Ty władasz sobą! Bo przecież nie ja ani nie Twoja mama. Nie zdając sobie z tego sprawy, masz możliwość świadomego wywoływania w sobie tak wspaniałych emocji, jak szczęście, pewność, wola działania czy poczucie własnej wartości, niezależnie od innych ludzi i sytuacji życiowych. Możesz już zawsze być szczęśliwy…

Gdy kładziesz się spać, nastaje chwila, w której umysł podsuwa różne myśli i wizje. Jeżeli masz sporo problemów na głowie, przeważnie te rozmyślania mają wydźwięk negatywny i czujesz się źle, prawda? A gdy masz więcej szczęścia, bo akurat poznałeś – na przykład – swoją drugą połowę, to czujesz motyle w brzuchu na samą myśl. Tworzysz piękne wizje, którym towarzyszą pozytywne emocje.

Gdybym Cię poprosił przed zaśnięciem, żebyś „wkręcił" sobie coś negatywnego, to zapewne poczułbyś się źle. Mogłoby to być traumatyczne wspomnienie lub nawet jakaś urojona historia. Gwarantuję, że po krótszej lub dłuższej chwili poczułbyś się tak, jak byś tego sobie życzył. Podobnie wygląda sytuacja z pozytywnymi myślami i emocjami. Kładąc sobie do głowy, że jesteś milionerem, mieszkasz z wymarzonym partnerem w przepięknej willi nad samym morzem, a w garażu masz najnowsze Ferrari i Porsche, poczułbyś się dobrze. Proste, prawda? Gdybym mógł, to wręczyłbym Ci dyplom z podstawowego manipulowania własnymi emocjami. Jest tylko jeden minus wizualizacji: długo trwają. W końcu trzeba zamknąć oczy i coś sobie wyobrazić. Sęk w tym, by robić to na zawołanie. Zapanuj w pełni nad emocjami.

Jeśli kontrolujemy nasz umysł i nasze emocje, kontrolujemy siebie i własne życie.

— Napoleon Hill

Silna wola samokontroli

Jeżeli chciałbyś w pełni zapanować nad emocjami, niezbędna jest silna wola. Musisz bardzo chcieć to osiągnąć. Wymaga to takiego samego samozaparcia, jak stworzenie wymarzonej sylwetki czy rzucenie nałogu. Pragnienie samokontroli jest podstawą. Obsesja osiągnięcia osobistej doskonałości jest koniecznością. Po rozmowie, którą odbyłem ze sobą nad jeziorem, z niewiadomego powodu stało się to moją pozytywną obsesją. Gdy zdecydowałem, że chcę być już zawsze szczęśliwy, potraktowałem to bardzo poważnie. Miałem dość negatywnych emocji, myśli i nawyków, których nabrałem. Chciałem się zmienić – i to bardzo. Wierzyłem, że jest coś więcej niż zwykłe życie. Gdzieś głęboko czułem, że coś jest nie tak z tym światem i chciałem to zmienić. Dzięki silnej woli i pragnieniu zrobiłem nieświadomy pierwszy krok, który jest najważniejszy ze wszystkich. Gdy człowiek coś sobie zaprogramuje i uparcie dąży do celu, jest w stanie osiągnąć „niemożliwe". W moim przypadku była to wola zapanowania nad sobą. Pragnienie bycia szczęśliwym.

Złap się

Silna wola i pragnienie są niezbędne, by zapanować nad sobą w pełni. Są niezbędne w procesie tworzenia nowych nawyków. Za każdym razem gdy czujesz się nie tak jak byś chciał, musisz się najpierw na tym złapać! Jakby lampka zapalała się w Twoim umyśle: *O, Boże! Ale się zachowałem.*

Straciłem panowanie nad sobą. Ego wzięło górę i przez to wypowiedziałem słowa oraz czułem emocje, których teraz żałuję...

Z samokontrolą jest dokładnie tak samo jak z treningiem na siłowni. Jeżeli nie będziesz pragnął całym sercem mieć idealnej sylwetki, to NIGDY jej nie osiągniesz. Determinacja i ciężka praca nad sobą jest nieunikniona.

Największe wyzwanie samokontroli stanowiła dla mnie moja dziewczyna. Nikt nie potrafił mnie wyprowadzić z równowagi tak jak ona. Brak logicznego myślenia, argumenty z kosmosu, no i te miny oraz odzywki... Na samą myśl robi mi się ciepło. Kłótnie były dla nas codziennością. Jedne były błahe, inne poważne. Wspólnym mianownikiem był zerowy brak kontroli nad emocjami, zarówno u mnie, jak i u ukochanej dziewczyny.

Na początku przygody z samokontrolą bardzo długo trwało, zanim się złapałem na tym, że odleciałem, że emocje wzięły górę. Dopiero kilka godzin po kłótni zapalała mi się lampka w umyśle mówiąca: *Ooo... Ależ odleciałem. Jak mogłem tak nie panować nad sobą? Jak mogłem powiedzieć tyle przykrych rzeczy mojej dziewczynie?* Gdy się budziłem ze snu ego, natychmiast szedłem do ukochanej i przepraszałem ją za moje słowa i negatywne emocje. Z czasem zacząłem łapać się po trzech, dwóch, jednej godzinie po kłótni. Stawałem się w tym coraz lepszy. Po sześciu miesiącach nastąpił przełom, bo zapanowałem nad sobą w trakcie kłótni! Zapalała mi się lampka i mimo że kłótnia była w momencie kulminacyjnym, w którym każdy walczył o swoje racje, potrafiłem okiełznać emocje. Złość zamieniłem w spokój, a nieświadomie wypowiadane słowa na w pełni przemyślane. To był początek końca wspólnych kłótni.

Teraz jestem na takim etapie, że gdy dochodzi do sytuacji, w której podnosi mi się ciśnienie, natychmiast to wyłapuję. Od razu czuję, że zmieniam stan emocjonalny bez zgody na to. Jestem świadomy, że zaczynam się czuć nie tak, jakbym sobie tego życzył. Każda emocja, która chce przejść przez moje ciało, najpierw musi przejść przez filtr czy bramkę, jak na lotniskach. Teraz to ja jestem kapitanem własnego okrętu. To ja decyduję, kto wchodzi na pokład, a kto nie. Negatywne emocje, myśli i zachowania mają absolutny zakaz wstępu. Wiele osób, gdy dowiaduje się ode mnie, że można zapanować nad sobą w pełni, od razu myśli, że zabijam przy okazji pozytywne emocje, że staję się niewrażliwy, nieludzki. Nic bardziej mylnego. Świadomie nie chcę się czuć źle. Dlaczego? Bo nie lubię się czuć źle. Wolę czuć się dobrze i być szczęśliwy.

Pytania

Byś umiał zapanować nad sobą w pełni, wewnętrzny dialog musi wejść Ci w krew. Powinieneś bardzo dużo świadomie ze sobą rozmawiać. *Co bym chciał osiągnąć? Jaką osobowością chciałbym być? Jak chcę się czuć w związku z tym, że: dziewczyna mnie zostawiła, ktoś porysował mi samochód, ktoś zajechał mi drogę, rodzice powiedzieli kilka słów za dużo, wyrzucili mnie z pracy, zbankrutowałem, wstaję rano, a tu już poniedziałek, przyjaciel mnie zdradził, mam trwały uszczerbek na zdrowiu, czekam w długiej kolejce do lekarza, ktoś jest dla mnie niemiły.*

Swoje automatyczne reakcje znasz doskonale. Nawet mógłbyś przewidzieć, jak najprawdopodobniej byś się zachował w kryzysowej sytuacji. I teraz cały problem polega na tym, by nieświadome i zwierzęce reakcje zastąpić świadomie przemyślanymi. Zanim zareagujesz, zastanów się, czy na pewno chcesz TO zrobić lub powiedzieć? Czy na pewno chcesz się zdenerwować? Czy na pewno chcesz czuć się źle? Ego zawsze będzie Ci podpowiadało: *To niemożliwe, za proste i banalne.* Zrobi wszystko, by przejąć władzę nad Tobą.

Świadomość konsekwencji

Gdy ego pomiatało mną na lewo i prawo, nie zastanawiałem nad skutkami moich słów i zachowań. Nie myślałem, po prostu reagowałem jak zwierzak. AKCJA i REAKCJA! Zero refleksji. Straciłem przez to wielu przyjaciół, popsułem relacje z rodzicami i dziewczyną, a – co najgorsze – odbijało się to na moim samopoczuciu. Wszystkie toksyny, które przelewałem na innych, kumulowały się też we mnie. Byłem nieszczęśliwy.

Teraz, zanim coś powiem, zastanowię się pięć razy. Zanim zareaguję, przemyślę, czy na pewno chcę się tak zachować? Gdy kotłują się w mojej głowie negatywne myśli, zastanawiam się, czy na pewno chcę tak myśleć? Reaguję świadomie, bo wiem, że konsekwencje moich zachowań są nieuniknione. Mogę budować pozytywne relacje albo je niszczyć. Mogę przejmować się problemami lub szukać rozwiązań. Mogę czuć smutek albo szczęście. Zrozumiałem, że to, jak się czuję, odbija się na moim zdrowiu, relacjach, pracy i samopoczuciu. Dlatego zanim zareaguję, rozmawiam ze sobą. Jestem świadom konsekwencji.

W zwykłych sytuacjach życiowych nietrudno zapanować nad sobą. Jest to prostsze, niż się może wydawać. Kiedyś cała masa zdarzeń i osób trzecich potrafiła sprawić, żebym poczuł się źle. Teraz nie jest to już takie oczywiste. To ja decyduję, jak chcę się czuć.

22. Test samokontroli

Widzimy ludzi i rzeczy nie takimi, jakimi są, ale takimi, jakimi my jesteśmy.

— Anthony de Mello

Śnieg

Zima, roztopy. Podjeżdżam moim nowym samochodem pod restaurację. Staję przed tylnym wejściem. Wchodzę do kuchni i zastanawiam się, co zjeść: *Hm, na co dzisiaj mam ochotę? Może halibut z krewetkami? A może stek na pieprzu?* Stoję jak słup w kuchni i się zastanawiam. Nie mija piętnaście sekund i słyszę krzyk:

– Dawid! Spadł śnieg na Twoje auto!

Myślę sobie: *No i co z tego?* Po chwili słyszę:

– To chyba coś poważnego!

Wychodzę uśmiechnięty z restauracji i staje przed zmasakrowanym samochodem. Szyby powybijane. Maska, dach i tylna klapa całe wgniecione. Spadła chyba tona lodu. W jednej sekundzie skoczyło mi ciśnienie, ale od razu się na tym złapałem. *No, już trudno. Co się stało, to się nie odstanie. Nie będę płakał nad rozlanym mlekiem.* Wróciłem do kuchni i poprosiłem o halibuta z krewetkami. W spokoju ducha zamówiłem lawetę, a następnie zjadłem obiad. Personel restauracji nie mógł uwierzyć, że się tym nie przejąłem. Nie rozumieli mnie. Nie widzieli, że kontrolowałem emocje. Nie rozumieli, że ludzie głodują na świecie, a w porównaniu z tym żadnym problemem nie jest fakt, że kilka dni będę bez auta. Nie mogli pojąć, że nie chcę czuć się tak, jak ego mi proponuje (załamanie, histeria itp.). Podszedłem do tego świadomie i tyle.

Pirat

Piękny, majowy dzień. Jadę samochodem na korty tenisowe. Nagle wyprzedza mnie inne auto i zajeżdża drogę. Jestem zmuszony do gwałtownego hamowania. Cudem unikam kolizji. W ułamkach sekund czuję, jak moje ego chce wykrzyczeć: *Jak jeździsz, baranie!* Ale tego nie robię. Silna i negatywna emocja znika równie szybko jak się pojawiła. Nie złoszczę się na kierowcę. *Może ma powód, by się spieszyć?* Gdybym wybrał automatyczne zachowanie ego, możliwe, że cały dzień bym sobie popsuł. A ponieważ wolę czuć się dobrze i nie lubię przejmować się drobiazgami, wybieram spokój. Wygrała świadomość.

Zły dzień

Dzyń, dzyń... Dzwoni moja kobieta. Od pierwszego słowa ma podniesiony głos. Słyszę, że jest nie w sosie. Zaczyna mi wypominać, że tego i tamtego nie zrobiłem, a miałem.

Zaczyna mnie wyzywać. Nie jest świadoma, że po prostu zapomniałem. Dodam, że nie było to nic bardzo ważnego. Moje ego po chwili chciało już wypowiedzieć: *Nie drzyj się na mnie! Nie życzę sobie, żebyś się tak do mnie odzywała!* Ego chciało, bym poczuł złość przeradzającą się w agresję. Ale tego nie zrobiłem.

– Przepraszam, kochanie, nie zrobiłem tego celowo.

Przez krótką chwilę jeszcze na mnie pokrzyczała i po sprawie. Jak się później okazało, miała zły dzień w pracy i na mnie wyładowała swoje frustracje.

Moja dziewczyna

Wchodzę do domu po całym dniu pracy. Jestem wykończony. Od razu widzę, że moja kobieta jest niezadowolona. Jej wyraz twarzy prowokuje moje ego.

– Kochanie, kiedy będzie kolacja?

– Zaraz!

Nic nie jadłem od siedmiu godzin, aż burczy mi w brzuchu. Idę się wykąpać. Myślałem, że kolacja będzie już gotowa, a tu się okazuje, że ona siedzi na facebooku. To nie pierwszy raz, kiedy mnie olewa i nie docenia, że ciężko pracuję, by miała co jeść i gdzie spać. Ego chce, bym wybuchnął złością albo szybko się ubrał i wyszedł na miasto zjeść, łącząc kolację z imprezą do rana. Ego wręcz nalega, bym się szybko ubrał i trzasnął drzwiami. Ale nie robię tego. Powstrzymuję automatyczne reakcje. Zaczynam świadomie reagować:

– Kochanie, co się stało? Jesteś jakaś nieswoja...

– NIC!

Sam zrobiłem sobie kolację, chociaż mam do tego dwie lewe ręce i padam na twarz. Po godzinie, gdy emocje opadły, przyznała się, że była po kłótni z mamą. W nerwach powiedziały sobie sporo niesmacznych rzeczy. Cieszę się, że nie zareagowałem jak w przeszłości. Jestem dumny, że ego mną już nie pomiata.

Tata

Moja relacja z tatą od wielu lat była napięta. Wszystko mnie w nim wkurzało i irytowało. Źle stał, jadł, pił za dużo, za szybko włączał wycieraczki, gdy padał deszcz itp. Nie rozumiałem, że to coś ze mną jest nie tak. Byłem nieświadomy.

Przychodzę do rodziców na obiad. Mama podaje do stołu pyszności. Jemy w trójkę zupę borowikową. *Siorb, siooooorb...* Mój tata zaczyna swój śpiew. Siorbie i siorbie. Gdy byłem młody, nie znosiłem tego! Moje ego chce wprowadzić mnie w stan poirytowania. Chce, bym niegrzecznie zwrócił ojcu uwagę. Ale nie robię tego. Wiem, że ma swoje lata i z pewnymi nawykami nic już nie zrobi. Zmieniłem podejście i po problemie.

W pewnym momencie, patrząc na niego i powstrzymując świadomie ego przed kolejnymi nieprzemyślanymi emocjami, zadałem sobie pytanie: *Jak bym chciał, żeby wyglądała moja relacja z synem, gdybym to ja był ojcem?* Natychmiast stało się jasne, że szacunek, wsparcie, przyjaźń i miłość są razem na pierwszym miejscu. W krótkim czasie sprawiłem, że relacja z moim tatą stała się rewelacyjna.

Sara

Moja czteroletnia córka Sara szaleje cały dzień. Spuszczam ją z oczu na kilka sekund – już wdrapuje się na krzesło i szybkim ruchem ręki zrzuca na ziemię z wysokości półtora metra moją nowiuteńką lustrzankę z nowiuteńkim obiektywem za kilka tysięcy złotych. Kilka godzin wcześniej odebrałem ją ze sklepu. W ułamku sekundy czuję, jak ciśnienie mi rośnie i ego każe mi się wydrzeć na nią: *SARA! CO TY ROBISZ?!* Coś mi podpowiada, że powinienem ją mocno złapać za rączki i potrząsnąć, żeby zrozumiała, że bardzo źle się zachowała. Ale tego nie robię. Jestem świadom tego, co się dzieje ze mną. Biorę głęboki wdech i rozmawiam ze sobą. *Dobra, nie zrobiła tego specjalnie. Nie wie, że zrobiła coś nie tak. Nerwy w niczym nie pomogą. Ale nie może w przyszłości tak robić.* Mówię:

– Podejdź na chwilę. Widzisz, że zrzuciłaś aparat na ziemię?

– Tak – odpowiada z uśmiechem na twarzy.

– Proszę Cię, żebyś nigdy nie zrzucała rzeczy, bo mogą się popsuć. Chyba byś nie chciała, żeby Twoje zabawki się psuły, prawda?

– Nie, tato.

– Będziesz uważać, kochanie, żeby nie popsuć moich zabawek?

– Tak, tato.

– Na pewno?

– Tak.

Po tej rozmowie już nigdy nic nie zrzuciła na podłogę. Inaczej wyglądała sytuacja z trudnymi doświadczeniami. Im bardziej skrajne, tym trudniej powstrzymać ego. Wydawało mi się, że w pełni nad sobą panuję. Było tak do czasu, kiedy przeżyłem największe tragedie w moim życiu. Nie byłem na nie gotowy. Nie potrafiłem zapanować nad sobą. Ego sterowało mną jak marionetką, a moje emocje były jak woreczek foliowy na wietrze.

Śmierć

Świadomość tego, że pewnego dnia będę martwy, jest jednym z najważniejszych narzędzi, jakie pomogły mi w podjęciu największych decyzji mojego życia. Prawie wszystko – zewnętrzne oczekiwania wobec ciebie, duma, strach przed wstydem lub porażką – wszystkie te rzeczy są niczym wobec śmierci. Tylko życie jest naprawdę ważne. Pamiętanie o tym, że kiedyś umrzesz, jest najlepszym sposobem, jaki znam, na uniknięcie myślenia o tym, że masz cokolwiek do stracenia. Już teraz jesteś nagi. Nie ma powodu, dla którego nie powinieneś żyć tak, jak nakazuje ci serce.

— Steve Jobs

Kiedyś miałem przyjaciela, z którym widziałem się każdego dnia. Żyliśmy wspólnymi marzeniami i codziennie napędzaliśmy się nawzajem do ich realizacji. Przeciwności losu traktowaliśmy jako wyzwanie, bo wiedzieliśmy, że zawsze możemy na siebie liczyć. Traktowałem go jak brata, którego nie miałem. W jednej chwili jego życie się skończyło. Mój przyjaciel zginął tragicznie na moich oczach. Stracił panowanie nad motorem, uderzając w przeszkodę znajdującą się kilka stóp od miejsca, w którym na niego czekałem. Nigdy tego nie zapomnę. Ta historia nie byłaby niezwykła, gdyby nie fakt, że kilka miesięcy przed śmiercią powiedział mi: – Dawid, wiem, że umrę młodo i najprawdopodobniej zginę na motorze. Pamiętaj, że chcę być pochowany w jednym kawałku. Jego prośba była tak poważna, że straciłem mowę. Od dłuższego czasu wiedziałem, że myśli mają siłę sprawczą i należy uważać na to, co się myśli i mówi, jednak po tej tragedii nabrało to dla mnie zupełnie nowego znaczenia.

Jego śmierć wpłynęła na mnie bardzo negatywnie. Czułem się, jakby część mnie umarła razem z nim. Przez długi czas nie było nocy, żeby nie śniła mi się tragedia, której doświadczyłem. Nie mogłem zasnąć. Mój umysł był w trudnym do opisania stanie. Ego wprawiało mnie automatycznie w poczucie żalu, smutku, nieszczęścia, a w konsekwencji prowokowało do irracjonalnych zachowań. To poczucie otępienia, żeby nie powiedzieć: opętania, było niesamowicie silne – myślałem, że już nigdy nie przeciwstawię się temu negatywnemu odczuciu.

— fragment książki „Niemożliwe"

To, co przeżyłem, jest trudne do opisania. Brak mi słów, gdy sobie przypominam mojego przyjaciela. Przez wiele miesięcy nie potrafiłem przeciwstawić się poczuciu wszechogarniającej pustki. Zrobiłem się nieobecny. Przestałem słuchać muzyki, przeszkadzała mi nawet w samochodzie. A pora snu była dla mnie największym wyzwaniem. Umysł nieustannie odtwarzał wspomnienia związane z kolegą. Produkował myśli z taką intensywnością, że w ogóle nie potrafiłem zasnąć. Stałem się zakładnikiem własnego umysłu. Byłem tego świadomy, ale nic nie potrafiłem na to poradzić.

Pewnej nocy odbyłem ze sobą poważną rozmowę. A w zasadzie nie ze sobą, tylko z moim przyjacielem. Słowa, które usłyszałem we własnej głowie, do złudzenia przypominały głos znajomego. Czułem się, jakbym faktycznie odbywał z nim konwersację.

– Dawid, co ty wyprawiasz? Po co wmawiasz sobie te negatywne stany? Chciałbyś, żebym ja się załamywał, gdybyś to Ty zginął?

– Oczywiście, że nie! Nakopałbym Ci do tyłka, gdybyś się załamał.

– To co ty wyprawiasz? Doceń to, co masz, i ciesz się życiem. Bierz z niego pełnymi garściami.

– Ale czuję, że coś mi nie pozwala...

– Skończ pie***lić! Przestań się użalać nad sobą jak jakaś mała dziewczynka. Ciesz się życiem, bo masz tylko jedno. Nie denerwuj mnie już i baw się dobrze.

Po tej rozmowie poczułem ulgę, jakbym zrzucił stukilogramowy plecak. Dotarło do mnie, że gdybym to ja zginął, nie chciałbym, żeby ktokolwiek płakał czy przejmował się. Wręcz przeciwnie, wolałbym, żeby docenili życie, by zaczęli żyć na całego, bez żadnych ograniczeń.

Wiele miesięcy musiało upłynąć, zanim powróciłem do normalności. Ale tak naprawdę nie byłem już normalny. Zmieniłem się. Stałem się silniejszy niż kiedykolwiek.

Bankrut

Nie oceniaj sukcesu człowieka po tym, jak wysoko się wspiął, lecz jak wysoko odbił się od dna.

— Steve Jobs

Niebawem po tych trudnych doświadczeniach dowiedziałem się, że mój tata zbankrutował. Jego wielomilionowy majątek przepadł. Zostały tylko długi. Jakby tego było mało, za moje ostatnie pieniądze otworzyłem ze wspólnikiem cukiernię. Niebawem i ja zbankrutowałem. Sytuacja finansowa naszej rodziny stała się tragiczna.

Firma splajtowała... I co to teraz będzie? Dlaczego musiało mnie to spotkać? Jakim cudem ten biznes się nie udał, skoro miał zarabiać 40 000 zł miesięcznie, a przez pierwsze pół roku były dokładnie takie straty? Co ja powiem żonie? Czym zapłacę czynsz? Za co utrzymam rodzinę? Boże...
Co ja mam teraz zrobić?

W taki sposób atakowało mnie ego na wieść, że stałem się bankrutem. Ale to nie były tylko puste myśli. Za nimi szło niesamowicie silne poczucie dyskomfortu, załamania, klęski i porażki życiowej. Myśli nie były jeszcze takie złe, fatalne było poczucie bezradności. Na samo wspomnienie moje ciało wskrzesza te negatywne emocje...

Jednak nie dałem się. Odkąd jestem świadomy, wzmocniony doświadczeniami, wszystko się zmieniło. Nie przejmuję się negatywnymi myślami. Nie angażuję się w nie i nie rozwijam ich. Świadomie podchodzę do problemu, zadając pytania i z determinacją poszukując rozwiązania. Zrozumiałem, że negatywne emocje i przejmowanie się nie pomaga. Za to motywacja i silna wola rozwiązania trudnej sytuacji – jak najbardziej. *Co muszę zrobić, żeby wyjść z tej sytuacji? U kogo mogę uzyskać pomoc?*

Odpowiedź poznałem nie od razu. Groziło mi nie tylko bankructwo, ale i ogromne długi. Skoncentrowałem się na rozwiązaniu, a nie na problemie. Ta sytuacja była tak dramatyczna, że bez pomocy innych ludzi nie poradziłbym sobie. Potrzebowałem wsparcia finansowego. Wykonałem około dwustu telefonów do rodziny, bliższych i dalszych znajomych. Dowiedziałem się wtedy, na kogo mogę tak naprawdę liczyć.

Uzyskałem pomoc od najbliższej rodziny, kilku najbliższych przyjaciół oraz osób, których nigdy bym nie podejrzewał, że wyciągną do mnie rękę. Na pierwsze sto telefonów, jakie wykonałem, nikt nie był chętny do pomocy. Dopiero następne próby przyniosły rezultaty. Były to osoby, które znałem z widzenia. Nie byliśmy spokrewnieni ani nie mieliśmy jakichś wyjątkowych relacji. W życiu bym nie przypuszczał, że mi pomogą.

W życiu potrzebujesz inspiracji albo desperacji.

— Anthony Robbins

Zanim wykonałem pierwszy telefon, musiałem stoczyć wojnę z własnym ego. Wprawiało mnie w poczucie wstydu. Nigdy nie prosiłem nikogo o pomoc, a tym bardziej finansową. To ja zawsze pomagałem, a tym razem sytuacja się odwróciła. Z każdym telefonem musiałem przełamywać upodlające poczucie. Gdy po setnym telefonie nikt nie chciał mi pomóc, moje ego chciało, bym odpuścił i przestał się dalej kompromitować. Jednak nie słuchałem go, dzięki temu negatywne emocje nie potrafiły mnie opętać. Wierzyłem, że mi się uda, mimo że rozsądek (czyli ego) podpowiadał mi, że to niemożliwe!

Nie poddałem się. Wiedziałem, że to jedyne wyjście. Ostatecznie zwyciężyłem w wewnętrznej wojnie. Dzięki determinacji i pomocy innych ludzi wyszedłem z sytuacji, która wydawała się niemożliwa do rozwiązania. Firmę zamknąłem, długi pospłacałem. Zbankrutowałem i musiałem rozpocząć wszystko od nowa.

23. Żyj bez granic

Nigdy, nigdy, nigdy, nigdy się nie poddawaj.

— Winston Churchill

Nikomu nie życzę tego, przez co musiałem przejść. Miałem wyjątkowo trudny czas w życiu. Na przestrzeni dwóch lat zmarł mój mentor, śp. dr Jerzy Wielkoszyński, oraz zginął tragicznie mój przyjaciel. Tata zbankrutował, po czym chciał popełnić samobójstwo. Cudem znalazłem się w odpowiednim miejscu i czasie. Sam również poniosłem porażkę finansową, musiałem zaczynać wszystko od zera. Moja mama walczyła przez ponad rok z rakiem, ostatecznie wygrywając ten pojedynek. Już w wieku dwudziestu sześciu lat miałem na utrzymaniu sześcioosobową rodzinę. Wszystko to wydarzyło się w bardzo krótkim czasie. Ale wiedziałem, że nie mogę się poddać. Wierzyłem, że dam radę. Paradoksalnie, te wszystkie doświadczenia sprawiły, że stałem się silniejszy niż kiedykolwiek. Nie wyobrażam sobie, żeby coś mogło mnie złamać. A już na pewno nie jakieś trywialne problemy. Moja świadomość weszła na nowy, wyższy poziom.

Gdy zapanowałem nad sobą już niemal w pełni, naturalną koleją rzeczy była chęć podzielenia się tą wiedzą, by pomóc najbliższym w rozwiązywaniu problemów, w walce z brakiem sensu życia, brakiem pasji, negatywnymi nawykami, emocjami i autodestrukcyjnymi myślami. Chciałem naprawić ich życie. Przecież to takie proste! Naszą osobowość kształtują ludzie i wydarzenia – ta przypadkowa i automatycznie reagująca osobowość to ego. Myśli same się myślą w naszych głowach – to też ego. Interpretacja nas samych, innych ludzi, tego, co jest możliwe albo co jest prawdą – jest subiektywne. Świadomie przejmując kontrolę nad umysłem, mamy moc, by na nowo stworzyć poszczególne cechy charakteru. Dosłownie: stworzyć je, wygrywając ze starymi nawykami ego. Wystarczy przestać wierzyć w każdą automatyczną myśl, wystrzeliwaną przez umysł niczym z karabinu maszynowego. Świadomie tworzyć nowe myśli i przewartościować to, co jest możliwe i co jest dla nas prawdą, a co nie. Przejąć kontrolę nad emocjami, stale monitorując swój nastrój do czasu stworzenia nowych nawyków. Gdy zapanujemy nad myślami, emocjami i nawykami i świadomie stworzymy siebie na nowo, to zmieniając siebie, zmieniamy też naszą przyszłość.

> *Najpierw cię ignorują. Potem śmieją się z ciebie. Później z tobą walczą. Później wygrywasz.*
>
> — Mahatma Gandhi

Gdy zacząłem dzielić się swoją wiedzą, zderzyłem się z potężnym murem. Problem polegał na tym, że każdy miał już wyrobione zdanie na mój temat i nikomu nie mieściło się w głowie, że mogłem się zmienić. Dobre rady, mistrzowskie argumenty nie docierały do nikogo. Jedyne, co widziałem na twarzach mojej rodziny i przyjaciół, to politowanie. *Czy temu Dawidowi odbiło? Jakie szczęście? Jakie kontrolowanie emocji? Jakie myśli samomyślące się? Chłop zwariował!* Z każdym z osobna było tak samo. Kiedy pozostawałem sam jak palec z moim odkryciem życia, ego niejednokrotnie sprawdzało moją czujność *Czy to oni są nienormalni, czy ja? Wszyscy mówią jedno i to samo. Śmieją się. Wyszydzają. Są nieszczęśliwi i bronią swojego urojonego świata.* Stoczyłem kolejną wewnętrzną bitwę na argumenty. Po krótkiej rozmowie z ego byłem już pewny, że to na całe szczęście wszyscy ludzie są „normalni", a ja jestem nienormalny. I bardzo dobrze! Bo ja nie chcę być nieszczęśliwy, nie panować nad emocjami i myślami czy mieć złego humoru... Zrozumiałem, że na tę wiedzę są gotowe tylko te osoby, które znalazły się w takim momencie swojego życia, że akurat tego potrzebowały. Gdy ktoś chce zmienić siebie, bo ma dość problemów, albo gdzieś w głębi ducha czuje, że musi być coś więcej niż „zwykłe życie", dopiero wtedy jest w stanie wysłuchać, zrozumieć i pracować nad sobą, by zmienić własną przyszłość, zaczynając od siebie. Dlatego przestałem się tym dzielić i na siłę zmieniać świat. Zostałem sam ze swoim wielkim odkryciem. Postanowiłem, że zacznę wieść życie swoich marzeń.

To naprawdę zabawne uczucie: wiedzieć, że wszystko jest możliwe. Mimo że życie dało mi popalić, zdecydowałem, że będę parł naprzód. Przeszłość potraktowałem jak nauczyciela. Przyszłość za wyzwanie. Przyszedł czas, by teorię zamienić w praktykę. Czas, by wziąć się do pracy. Czas, by świadomie stworzyć przyszłość. Czas, by marzenia zmienić w rzeczywistość.

UWIERZ. WALCZ. ZWYCIĘŻAJ!

24. Kim chciałbym być?

Nawet najdalszą podróż zaczyna się od pierwszego kroku.

— Lao-Tzu

Nadszedł dzień, by pójść naprzód. *Kim chciałbym być? Co chciałbym robić na co dzień? W czym jestem najlepszy? W czym jestem najbardziej utalentowany? W której dziedzinie szczególnie chciałbym się rozwijać?* Wewnętrzna wojna była nieunikniona. Świadomość: *Nie wyobrażam sobie życia bez sportu. Nie chcę siedzieć za biurkiem ani uganiać się za pieniędzmi. Chcę być szczęśliwy, dlatego wybieram pasję. Najlepszy jestem w trenowaniu innych. Połączę wiedzę o treningu sprawnościowym otrzymaną od mojego mentora z doświadczeniem i latami studiowania tenisa. Zostanę trenerem sprawnościowym oraz tenisa.* Tu poszło całkiem gładko. Decyzja podjęta. Jednak czegoś mi brakowało. Nie czułem się kompletny. *A może zostanę trenerem mentalnym? Mógłbym pomagać sportowcom i zwykłym ludziom przejąć stery nad własnym życiem... To byłaby świetna przygoda!*

Ego: *Ale co powiedzą ludzie? Twoi koledzy i przyjaciele? Wystawiasz się na pośmiewisko! Trener mentalny? Rozwój osobisty i duchowy? Popieprzyło cię?*

Po tak mocnych argumentach potrzebowałem chwili do namysłu. W końcu chodzi o moją przyszłość. Świadomość: *Hola, hola... Czy chcesz żyć dla innych? Robić to, co inni uważają za słuszne? Wolisz realizować się z pozycji serca czy opinii innych osób?* W tym momencie wiedziałem, że zostanę trenerem mentalnym. Co prawda trwało to dobry tydzień, zanim podjąłem ostateczną decyzję. Chciałem pomagać innym, bo czułem w tym misję. Bez względu na konsekwencje. Jednak ego napierało na mnie tak potężnym poczuciem dyskomfortu, że aż blokowało podjęcie działania. Decyzja już zapadła, ale dalej nic nie robiłem. Musiało minąć kilka dni, by zebrać się i zacząć działać – stworzyć profesjonalną stronę oferującą moje usługi. Ego towarzyszyło mi na każdym kroku, szepcząc: *A jeśli się ośmieszysz? Co zrobisz, jeśli ci nie wyjdzie?* Nie słuchałem go. Byłem już ponad nim. Strachliwe, zniechęcające, ośmieszające argumenty nie były już nic warte. Nie wierzyłem w nie i tyle. Pozostało jednak we mnie to nieprzyjemne uczucie wychodzenia ze strefy komfortu. W zależności od wielkości wyzwania, uczucie dyskomfortu napiera z proporcjonalną siłą. Od tego poczucia nie potrafię uciec po dziś dzień, dlatego przekształciłem je w motywację. Im mocniej odczuwam dyskomfort, tym więcej – na przekór – działam. W taki prosty sposób strach stał się moim sprzymierzeńcem. Zacząłem tworzyć życie moich marzeń.

> *Jedyną rzeczą, jaka stoi pomiędzy tobą a twoim celem, jest stek bzdur, które sam sobie powtarzasz, dlaczego nie uda ci się tego osiągnąć.*
>
> — Jordan Belfort

Po stworzeniu strony internetowej nie musiałem długo czekać na chętnych do współpracy. Już po kilku tygodniach przychodzili do mnie ludzie z najróżniejszych dziedzin życia po pomoc. Byli to wyczynowi sportowcy z wolą poprawy swojej sprawności, tenisiści chcący grać zawodowo czy dla przyjemności oraz zwyczajni ludzie próbujący uporać się z problemami natury umysłu, ciała i duszy.

Trenowanie sportowców było dla mnie naturalne jak oddychanie, w końcu całe moje życie to sport. Nie miałem żadnego problemu, by odnaleźć się w tym świecie. Inaczej było z rolą trenera mentalnego. To zupełna nowość. To był świat, który wywoływał u mnie dreszczyk emocji. Z początku nie całkiem wiedziałem, jak rozmawiać, ale nie przejmowałem się tym. Mam naturalny dar skutecznego argumentowania. Nie trzeba wierzyć mi na słowo, bo to kwestia zrozumienia, a nie wiary. Bez skończonych studiów czy kursów rozpocząłem najciekawszą przygodę mojego życia, opartą na doświadczeniu i, przede wszystkim, praktyce.

Początkowo pomaganie innym traktowałem jako ciekawą przygodę. Jednak bardzo szybko przerodziła się ona w branie odpowiedzialności za przyszłość moich podopiecznych. Zdałem sobie sprawę, że to ode mnie w dużej mierze zależy, czy dana osoba pokona swoje ego, czy nie. Czy zacznie być szczęśliwa, czy nie. Czy będzie wiodła życie swoich marzeń, czy nie.

Poczułem potężne brzemię odpowiedzialności. Przygoda zmieniła się w misję. Moja skuteczność w pomaganiu innym była tak wysoka, że to było aż niesamowite. Po dziś dzień dostaje e-maile i telefony z podziękowaniami za „nowe życie", za przebudzenie ze snu, motywację, odkrycie talentu, pasji itd. Mimo iż z początku moje treningi były nieumiejętne i trochę chaotyczne – działały. Ale jak miały nie działać, skoro sam je praktykowałem... Z każdą pozytywną opinią miałem coraz więcej pewności, siły i przekonania, że podążam we właściwym kierunku. Z czasem niezborne treningi mentalne przerodziły się w skuteczny i sprawdzony system prowadzenia rozmów. Stworzyłem własną metodę, która – mogę powiedzieć nieskromnie – sprawdza się w 99% przypadków. Już na pierwszym spotkaniu, które trwa od półtorej do dwóch godzin, udaje mi się rozwiązać problemy, z jakimi przychodzą do mnie sportowcy, biznesmeni czy zwyczajni ludzie. Jeżeli ego podpowiada Ci, że to niemożliwe, żeby po jednym spotkaniu zmienić czyjeś życie, to dam Ci dobry przykład: gdybyś jechał samochodem i po zderzeniu czołowym z pociągiem towarowym jakimś cudem przeżył, to czy mógłbyś zmienić się całkowicie? Oczywiście, że tak. Ludzie zmieniają się pod wpływem wielu wydarzeń – takich jak narodziny dziecka, zagrożenie życia, kalectwo czy wygrana na loterii. Trening mentalny serwuje zmianę bez doświadczeń. Opartą na wiedzy, logice i przede wszystkim praktyce na własnej skórze. Mimo że pomogłem dziesiątkom osób wieść życie swoich marzeń, ciągle było mi mało. Czułem, że ciągle czegoś brakuje. Rozpocząłem kolejną podróż, którą było świadome tworzenie i realizowanie marzeń.

25. Roland Garros

Nie ma żadnego znaczenia, z jakiego punktu startujesz, ważne jest, dokąd zmierzasz.

— Zig Ziglar

Pewnego wieczoru postanowiłem, że muszę pójść dalej. Stworzyć coś niesamowitego. Wiedza, że mogę osiągnąć absolutnie wszystko, okazała się przytłaczająca. Gdy sam zrozumiesz, że nie ma żadnych ograniczeń, to za każdym razem gdy nie będziesz robił tego, co uważasz za słuszne, poczujesz, jakbyś oddalał się od upragnionego życia. To bardzo niekomfortowe uczucie. Wiesz, że możesz, a nic z tym nie robisz. Niepodjęcie działania to nie stagnacja, a cofanie się. Cały świat idzie naprzód. Tylko ci, którzy idą pod prąd, na przekór strefie komfortu, sięgają znaczących celów. Jeżeli nie zaczniesz działać, nic samo się nie wydarzy.

Co by tu osiągnąć? Jeżeli mam być trenerem, to chciałbym być na turniejach Wielkiego Szlema. Ego podpowiada mi: Chyba upadłeś na głowę. To niemożliwe! Potrzeba wielu lat, żeby zostać trenerem zawodnika, który gra na wielkoszlemowych turniejach. Całe lata będziesz na to czekać. W pełni zdawałem sobie sprawę z tych automatycznych myśli. Dlatego nie słuchałem ich. Żadnej takiej myśli nie brałem do siebie. Nie interesowały mnie kontry ego na moje pomysły płynące prosto z serca. Faktem jest, że jestem ponaddwudziestokrotnym medalistą narodowych mistrzostw, ale mam małe doświadczenie trenerskie. Wydaje się niemożliwe, żeby w krótkim czasie znaleźć się wśród najlepszych trenerów i tenisistów świata. Zacząłem rozmyślać, jak to zrobić...

Bardziej niż cokolwiek innego – przygotowywanie się jest sekretem sukcesu.

— Henry Ford

Eureka! Mój przyjaciel Mateusz Kowalczyk był w 2012 roku na dwóch turniejach Wielkiego Szlema. Jeśli będę w stanie pomóc mu grać lepiej, na pewno się zgodzi, żebym został jego trenerem. Wiedziałem, że wszystko będzie zależało od pierwszego treningu. Musiał wyjść idealnie. Jego gra z minutę na minutę musiała stawać się lepsza. Jeżeli moje uwagi pomogą mu już po tym pierwszym razie grać lepiej, powinien się zgodzić. Wtedy miałbym szanse...

– Cześć, Mateusz! Kopę lat. Chciałbyś zagrać jakiś trening? Postaram Ci się pomóc, a przy okazji porozmawiamy. Co Ty na to?

– Jasne! Masz czas jutro? Bo właśnie szukałem kogoś do gry.

– Pewnie. Do zobaczenia!

Kurczę... Aż takie proste to było? Nic, tylko się cieszyć. Sporą część wieczoru przesiedziałem, analizując jego grę na YouTube. Dawno go nie widziałem, dlatego wypadało się dobrze przygotować, jeżeli mój plan miał się udać. Rano wstałem bardzo podekscytowany. Nie czułem zmęczenia, mimo że krótko spałem. Czas było wybrać się na korty.

Zanim rozpoczęliśmy grę, powspominaliśmy stare czasy. W końcu grając razem w debla, zdobyliśmy wiele medali na krajowych mistrzostwach i turniejach międzynarodowych. Po krótkim wstępie nadszedł czas na grę. Od dawna nie grałem z tak mocnym zawodnikiem. Musiałem bardzo się starać, żeby nadążyć za silnymi uderzeniami posyłanymi z jego strony. Po konkretnej rozgrzewce poprosiłem, żeby spróbował kilka szczegółów zrobić inaczej. Chodziło o jego sposób poruszania się po korcie i technikę uderzeń. Wyjaśniłem mu, o co chodzi, wspierając się przygotowanymi filmami z YouTube. Dał mi szansę. Po kilkunastu próbach załapał, co miałem na myśli. Zaczął grać lepiej, chociaż „lepiej" to mało powiedziane: dużo lepiej! W sumie trenowaliśmy ponad dwie godziny. Udało mi się w tym czasie wyeliminować kilka największych mankamentów z jego gry. Jednak główną zasługą był talent Mateusza, bo łatwo przyswajał nową wiedzę. Po treningu zaprosiłem go na trening mentalny. Powiedziałem mu, że nauczę go wszystkiego, czego sam się nauczyłem przez ostatnie kilka lat, przesiadując dniami i nocami nad książkami i w internecie. Zgodził się! Kolejny mały sukces. Jestem coraz bliżej celu…

Następne spotkanie miało miejsce kilka dni później. Umówiliśmy się w restauracji. Rozpocząłem największą ofensywę – przebudzenie. Pokazałem Mateuszowi, jak stworzyć nową osobowość. Jak przejąć pełną kontrolę nad emocjami. Uświadomiłem mu, że jego osobowość jest sumą doświadczeń życiowych oraz że umysł jest tak dziwnie skonstruowany, że sam z siebie myśli i nie należy wierzyć w każdą myśl ego, która wpłynie do głowy. Podczas kilkugodzinnej rozmowy podzieliłem się wszystkimi swoimi sekretami osobistego rozwoju duchowego, które zgłębiałem całymi latami. Pokazałem mu mój świat. Bez negatywnych emocji i myśli. Pełna samokontrola, która prowadzi do osiągania najwyższych celów, do spełniania marzeń.

Podczas tego treningu doświadczył przebudzenia. Zrozumiał, czym jest ego, że jego osobowość była przypadkowa, a nie świadomie wybrana. Chciał więcej i więcej. Po treningu mentalnym zapytałem, czy chciałby, żebym mu pomógł osiągać najwyższe cele. Zgodził się. Nie mogłem w to uwierzyć... Nadszedł czas na ciężki trening. Musiał poprawić swoją pozycję, żeby w następnym roku zagrać turniej Wielkiego Szlema – Roland Garros.

Pół roku później.

– Polecisz ze mną na Roland Garros?

– Jasne!

To był pierwszy raz, gdy już nie potrzebowałem wiary, że jestem w stanie osiągnąć wszystko, czego tylko zapragnę. Wiedziałem to. Czas szykować się na Roland Garros 2013.

Paryż... Na filmach wydawał się ładniejszy. Wszędzie dookoła śmietnik, bardzo zaniedbane miasto. Ale nie to jest ważne, bo czekamy właśnie na oficjalny transport z hotelu na korty Rolanda Garrosa. Gdy dojechaliśmy, ludzie podbiegali do samochodu, robiąc zdjęcia. Ci bardziej ambitni kibice biegną za samochodem, żeby się z nami przywitać. Przez chwilę czułem się, jakbym był gwiazdą. Całkiem ciekawe uczucie...

Podjeżdżamy do wejścia dla zawodników. Zaraz po wyjściu z samochodu mijam Marię Szarapową. *Niższa się wydawała...* Wchodzimy do podziemi kortu im. Philippe'a Chatriera. Mijamy kilku ochroniarzy. Po chwili odbieramy identyfikatory i przechodzimy do części przeznaczonej dla zawodników. Miejsca z niesamowitą energią, ciężką do opisania słowami.

Czas wejść do szatni pełnej najlepszych tenisistów świata. Trochę mnie przytkało na „dzień dobry". Wypinam klatkę piersiową, zadzieram brodę delikatnie. Udaję, że to dla mnie zupełnie normalne. Staram się być naturalny. Ale tylko staram, bo wewnątrz emocje szaleją. Jestem tego świadomy i nie potrafię tego kontrolować. Po chwili odpuszczam, bo to uczucie przypomina mi dziecięcą fascynację. Ego bombarduje mnie automatycznymi myślami *Rafael Nadal! Co za koń... Wujek Toni w szachy gra z kolegą. Spokojnie, właściwie co innego ma robić?* Po chwili dostrzegam mojego największego idola z dzieciństwa. Na analizach jego uderzeń spędziłem tysiące godzin na przestrzeni lat. Roger Federer. Serce na chwilę przestało mi bić. Zamarłem. Po kilku sekundach wróciłem do siebie. Jakby ktoś mnie włączył z powrotem. Fenomenalne uczucie. Miałem ochotę go wyściskać, strzelić selfie, a następnie zasypać go pytaniami. Niestety, szatnia jest oazą dla zawodników. Tutaj nie wypada. Muszę się powstrzymać. W ciągu całego dnia spotkałem niemal wszystkich najwybitniejszych zawodników w historii tenisa. Spełniłem swoje marzenie.

Po wyjściu z szatni udajemy się do restauracji, by coś przekąsić przed treningiem. Po drodze mijam Urszulę Radwańską.

– Cześć, Dawid! Kopę lat!

Wyściskaliśmy się serdecznie. Chwilę porozmawialiśmy o tym, co się z grubsza wydarzyło w naszym życiu. Ruszyliśmy w drogę, bo lunch i trening czekały. Fajnie po wielu latach spotkać się w takim miejscu. Kilkanaście lat wcześniej razem jeździliśmy na turnieje międzynarodowe. Oglądaliśmy swoje mecze i kibicowaliśmy sobie nawzajem. Zawsze gdy słyszę, że ktoś z moich bliższych lub dalszych znajomych odnosi sukcesy, to robi mi się ciepło na sercu. Rewelacja! W restauracji czuję się trochę jak w barze mlecznym. Kilka osób stoi w kolejce z plastikową tacą w ręce. Przede mną widzę Serenę Williams, Johna McEnroe i Martinę Hingis. *Fajna kolejka! Kurczę, Serena Williams faktycznie ma taki tyłek jak na zdjęciach w internecie.* Tylko na taką refleksję było stać moje ego. Świadomie sobie pomyślałem, że to niezwykłe wyróżnienie – móc przebywać wśród żywych legend tenisa.

Po obiedzie w doborowym towarzystwie czas na trening na kortach Rolanda Garrosa. Też o tym marzyłem, jeśli nie jako zawodnik, to jako trener. I tak się stało. Wchodząc, poczułem dreszcze. Po krótkiej rozgrzewce zaczynamy grać. Wrażenie, jakby się grało na stole. Czuję się fenomenalnie. Pewność siebie kipi ze mnie. Od zawsze o tym marzyłem – i jestem! Każde odbicie sprawia mi taką radość, jak za najmłodszych lat. Co kilka piłek kibice klaszczą. Rewelacja... Motywacja do grania jest ogromna. Nigdy nie zapomnę tego uczucia. Dopiero w tym momencie zrozumiałem, jaki byłem głupi za młodych lat. *Dlaczego nie dawałeś z siebie wszystkiego na każdym treningu? Osiągnąłeś tak wiele, będąc*

Roland Garros. Paryż, Francja, maj 2013.

śmierdzącym leniem... Młodość, głupota, zero świadomości, o co walczyłem. Brak słów...

Po treningu chciałem zobaczyć mojego idola, Rogera Federera. Problem w tym, że mój identyfikator nie pozwalał na wejście na kort centralny, w przypadku gdy nie grał na nim akurat mój zawodnik. Nie zmieniło to faktu, że i tak musiałem go zobaczyć w akcji! Nie wchodziła w grę też byle jaka miejscówka. Musiałem być w pierwszym rzędzie, bezpośrednio przy korcie. Zmierzam do pierwszego wejścia.

– Przepraszam! Proszę pokazać identyfikator. Niestety, nie mogę Pana wpuścić...

Myślę sobie: *Nie, nie, nie, nie... I tak wejdę!* Podkulam ogon i idę dalej. Przy następnym wejściu to samo. Przy kolejnym to samo. Moje ego wprawia mnie w poczucie zwątpienia. Myślę jednak świadomie i wiem, że i tak wejdę. Po okrążeniu kortu imienia Philippe'a Chatriera znajduję jakieś niekomercyjne przejście. Okazuję się, że dla VIP-ów. *To coś dla mnie!* Prostuję się, na pewniaka podchodzę do bramkarza i pytam:

– Ile jest? Nie chcę przegapić seta!

– Spokojnie, jest dopiero po cztery w pierwszym secie.

Przez chwilę zagaduję ochroniarza. Pytam, komu kibicuje, skąd jest, czy postawił na kogoś. Robię wszystkie możliwe sztuczki, byle nie spojrzał na plakietkę. Musi patrzeć mi w oczy! Po chwili słyszymy brawa.

– Zapraszam... Tylko proszę pokazać mi identyfikator.

Szybkim ruchem pokazuję i z ogromną pewnością siebie przechodzę. *Jeeeeest! Teraz żeby tylko było miejsce.* Wybrałem najlepszą lożę vipowską, chyba sponsora tytularnego. Roger

Roland Garros. Paryż, Francja, maj 2013.

Federer wstaje i zmierza w kierunku chłopców od podawania piłek. Rozpoczyna od serwisu. Zaczyna swój magiczny taniec. Gracja, z jaką się porusza, jest nie do opisania. Żadna telewizja tego nie odda. Jest to niesamowite doświadczenie. Zastanawiam się, czy robić zdjęcia, filmy, czy wszystko jednocześnie. Ego z automatu chce zaprzątać mi umysł zbytecznymi zachowaniami. Postanawiam oddać się tej chwili. Czysta radość oglądania mistrza w akcji. Jestem obecny. Pozwalam sobie na przeżywanie emocji jak dziecko. Marzyłem o tym i jestem.

Nadszedł dzień meczu. Pech chciał, że mój zawodnik w pierwszej rundzie spotkał się z francuską parą w bardzo dobrej dyspozycji, która po zaciętej walce pokonała Mateusza w parze z Lukasem Rosolem, a następnie dotarła do samego finału. Pogoda, podobnie jak losowanie, nie była dla nas łaskawa, ale w ten sposób przez ponad tydzień trenowaliśmy, analizowaliśmy i podpatrywaliśmy najlepszych zawodników świata.

Dzięki temu jednemu tygodniowi spędzonemu w otoczeniu najlepszych zawodników nauczyłem się więcej niż kiedykolwiek. Nie tylko umiejętności tenisowych, które przydadzą się w trenowaniu zawodników, ale przede wszystkim zrozumiałem, że marzenia są możliwe do zrealizowania szybciej, niż podpowiadało mi ego i osoby trzecie. Nie potrzebowałem już wiary, że mogę osiągnąć każde marzenie. Wiedziałem, że to tylko kwestia czasu.

26. Niemożliwe

Sukces nigdy nie jest efektem „słomianego zapału" – tu trzeba przejść przez prawdziwy ogień.

— James Madison

Wiedza, że mogę zrealizować każde marzenie, jest najlepszą rzeczą, jaka mogła mnie spotkać. Po zrealizowaniu mojego pierwszego świadomego marzenia, które osiągnąłem z pełną determinacją, nadszedł czas, by iść dalej naprzód. Muszę poważnie ze sobą porozmawiać.

Kim chciałbyś być? Co byś chciał robić w życiu? Możesz absolutnie wszystko. Czego chcesz od życia? Hm... Wyobraź sobie, że masz osiemdziesiąt lat. Czego chciałbyś doświadczyć, co osiągnąć? Kim chciałbyś być w ostatecznej wizji? Jak byś chciał zostać zapamiętany? Po ostatnim pytaniu nie miałem żadnych wątpliwości. *Chciałbym pomagać innym. Marzy mi się, by kiedyś ludzie wspominali mnie tak, jak sam wspominam swojego mentora.* Wiedziałem już „co", ale nie wiedziałem do końca, „jak"... Czułem, że nie chcę czekać całe życie. Chciałem to osiągnąć szybciej. Rozmyślałem, leżąc na kanapie, i zacząłem rozglądać się po pokoju. Mój wzrok zatrzymał się na gablotce z książkami. W tej samej sekundzie przypomniało mi się, że gdy miałem szesnaście lat, naszła mnie refleksja o śmierci. Pomyślałem wtedy, że nie chciałbym zwyczajnie umrzeć i zostać zapomnianym. A tak z większością osób się dzieje. Znasz swojego prapradziadka? Domyślam się, że nie. Nie podobała mi się idea, że nikt o mnie nie będzie pamiętał. Chciałem się zapisać w historii, przynajmniej mojej rodziny. I w taki oto prosty sposób połączyłem marzenie z dzieciństwa z wolą wznoszenia ludzi na szczyty dzięki ich ukrytym możliwościom. Pomogłem już kilkudziesięciu osobom na treningach mentalnych, począwszy od pierwszego spotkania – dlaczego nie podzielić się tym z całym światem? Postanowiłem, że napiszę książkę.

Czy to możliwe, żebym wydał książkę? Przecież jedyne, co w swoim życiu napisałem, to test gimnazjalny, próbna matura i matura, którą ledwo zdałem – podpowiedziało mi ego. Przez chwilę zwątpiłem. Podszedłem do regału. Przejrzałem książki wybitnych autorów z zakresu psychologii, rozwoju osobistego i duchowego. *Fajnie, gdybym znalazł się wśród tych wybitnych osób.* W tym momencie wyobraziłem sobie, jak wkładam własną książkę do gablotki. Zrobiło mi się ciepło na sercu. *Kurczę... Ale to by było super. Hej, chcesz wieść życie swoich marzeń, czy tylko marzyć?* Nie musiałem nawet odpowiadać. Wiedziałem, co chcę zrobić.

Pierwszą rzeczą, którą zrobiłem po podjęciu decyzji, że napiszę książkę, było pojechanie do moich rodziców na obiad. Chciałem się z nimi podzielić nowym wyzwaniem. Ledwo przekroczyłem próg ich domu, powiedziałem głośno:

– Zdecydowałem, że tym roku wydam własną książkę. I będzie na półkach w Empiku.

Na twarzy moich rodziców pojawił się bardzo delikatny, ironiczny uśmiech.

– Bardzo fajnie – skwitowali.

Żadnych fanfar czy entuzjazmu. Tylko subtelne uśmieszki dające mi do zrozumienia, że to niemożliwe. Opowiadam rodzicom, ilu ludziom pomogłem radzić sobie z problemami, ilu zmotywowałem do realizowania swoich marzeń, ilu zmieniłem życie. Mówię, że stworzyłem własną metodę na przebudzanie ludzi ze snu ego.

– No fajnie, fajnie. Jak chcesz, to napisz...

Hm, myślałem, że będzie ogromny entuzjazm, a tu nic. Sytuacja wyglądała podobnie, gdy podzieliłem się tą informacją z siostrą i przyjaciółmi. Myśleli, że upadłem na głowę, no i przede wszystkim, że to niemożliwe.

– Kto ci ją wyda? Jakie masz doświadczenie w pisaniu? Kto ci ją kupi? Ile zarobisz? Czy to ma sens? Żebyś wstydu sobie nie zrobił.

Tylko z takimi zdaniami kierowanymi w moją stronę się spotykałem. Doskonale widziałem, że jestem z tym pomysłem sam jak palec. Ego od razu podłapało temat, podpowiadając: *A jeśli się ośmieszysz? Przecież nie umiesz pisać. Kto ci to niby wyda?* I wiele innych autodestrukcyjnych podpowiedzi. Ale byłem już na takim etapie, że słowa ego w głowie nie przykuwały mojej uwagi. Nie angażowałem się w nie. Wiedziałem, że są wytworem umysłu przesiąkniętego myśleniem ludzi mnie otaczających. Gdyby nie ta świadomość, na pewno poddałbym się już na starcie.

Siedzę przed białą kartką i zastanawiam się, jak zacząć. Nie mam zielonego pojęcia. Ale – jak to ja – zasięgam informacji w internecie. Wyszukuję frazy: „Jak napisać książkę". O dziwo, znalazłem całkiem sporo porad. Jedne lepsze, drugie gorsze, ale część z nich była całkiem pomocna. Najlepsza rada, jaką znalazłem i pod którą sam się podpisuję, to: *Pisać, pisać i jeszcze raz pisać. Nie zastanawiać się, tylko pisać. Analiza i poprawki na koniec.* No to zaczynamy... Problemem był fakt, że w czasie gdy pisałem „Niemożliwe", pracowałem od dziesięciu do czternastu godzin na dobę. Trenowałem zawodników i amatorów z zakresu przygotowania motorycznego, mentalnego i tenisa. Wstawałem o szóstej rano, a treningi kończyłem około dziewiątej wieczorem. Zaraz po zakończeniu ostatniego treningu brałem się za pisanie.

Patrzę w białą stronę w laptopie. Kompletna pustka w głowie. Zero pomysłów czy jakiejś weny. *Zaczniesz pisać czy nie?* Czuję potężną niemoc i dyskomfort. Jakby wyrósł potężny mur pomiędzy mną a klawiaturą. Walczę ze strefą komfortu. Patrzą na zegarek, minęła godzina... *Chcesz się poddać czy zaczniesz w końcu pisać?* Spoglądam na moją gablotkę i oczami wyobraźni wkładam tam własną książkę. *Walczysz o nieśmiertelność, o zrealizowanie marzeń. Dawaj! Przełam się i pisz!* Zacząłem pisać. Piszę, piszę i piszę. Jak już się rozkręciłem, to trudno było się zatrzymać. *Świetnie! Jedziesz dalej!* Pierwszej nocy pisałem cztery godziny. Położyłem się spać o drugiej nad ranem, a musiałem wstać o szóstej – na trening. Gdy kładłem się spać, ego znowu mnie trochę podburzało. *Tylko cztery godziny snu? Będziesz niewyspany. Jutro cały dzień, musisz mieć siły!* Nie słuchałem go.

Wiedziałem, że jeżeli przedłożę sen ponad pracę, to nic godnego przeżycia nie osiągnę. Zasypiam bardzo dumny i zadowolony.

W drodze do sukcesu zawsze mija się porażkę.

— Mickey Rooney

Po kilku tygodniach postanowiłem, że zerknę na to, co napisałem, mimo że miałem to zrobić dopiero po zakończeniu pisania. Po przeczytaniu doznałem ciężkiego szoku. Zero ładu i składu. Co chwilę się powtarzam. Brak ciągłości myśli. Przeskakuję z jednego wątku na drugi, potem piąty, znowu pierwszy, trzeci, pierwszy, czwarty, pierwszy i tak w kółko... Najzwyczajniej w świecie nie potrafię pisać. Podłamałem się. *Tyle czasu na to poświęciłem, a muszę zacząć od początku. To jakaś masakra...* Rozegrała się we mnie kolejna bitwa z ukochanym ego. Kurczę, chyba nie dam rady. Po prostu nie umiem pisać. Wykonałem telefon do mojego przyjaciela, Kuby Zajączkowskiego, który jako jedyny w tamtym czasie był też przebudzony ze snu ego.

– Czy mógłbyś przeczytać fragment książki? Bo samemu ciężko mi ocenić, czy to się do czegoś nadaje...

– Nie ma sprawy! Wysyłaj i zaraz to ogarnę.

Kilka godzin później słyszę od Kuby:

– Rewelacja!

W tym momencie dostałem wiatru w żagle. Bardzo się ucieszyłem, bo wiedziałem, że odpowiedział mi szczerze. Mimo wszystko zacząłem pisać od początku...

Najpierw zastanowiłem się, jak to wszystko ugryźć, żebym pisał efektywniej. Napisałem spis treści, każdy z rozdziałów rozbiłem na kilka tematów, które chciałem opisać. Dotarło do mnie, że każdy rozdział musi mieć wstęp, kilka głównych tematów oraz podsumowujące zakończenie. Zacząłem pisać. Szło jak z płatka. *Co za banał! Teraz to da się pisać... Dlaczego tego nie poukładałem wcześniej?* W ciągu tygodnia napisałem więcej niż przez cały poprzedni miesiąc. Dzwonię do Kuby.

– Nie uwierzysz! Pisanie jest banalne!

Zacząłem mu opowiadać o moim odkryciu ze spisem treści i rozbiciu rozdziałów na drobniejsze fragmenty.

– Super, prawda?

– Eee...Pisałeś kiedyś rozprawki w szkole?

W tym momencie przypomniało mi się, jak moja mama oraz cały sztab kolegów i koleżanek z klasy pisali za mnie wszystko.

– No, nie pisałem.

– Bo to jest dokładnie to, o czym opowiedziałeś.

– Ha, ha... Ale przyznaj, że jestem dobry, bo sam na to wpadłem!

Gdy już miałem ponad połowę książki, doznałem kolejnego olśnienia. *Muszę niestety zmienić koncepcję. A tyle się już napracowałem... I zacząć pisać od nowa?* Moje ego, o dziwo, się nie odzywało i nie komentowało nowego pomysłu. Za to czułem ogromny dyskomfort. Trzy miesiące pracy i przełamywania się na marne. Jednak nie miałem wyjścia, bo to, co zrobiłem do tej pory, nie było niestety najlepsze. Zagryzłem zęby i zacząłem po raz kolejny pisać od nowa.

Po dziesięciu miesiącach niedoboru snu i ciągłego przełamywania się – koniec! Nigdy nie zapomnę chwili, w której skończyłem pisanie. Byłem bardzo podekscytowany. Zaraz po napisaniu wydrukowałem całość na mojej potwornie głośnej drukarce. Dźwięk drukowania był niczym najpiękniejsza pieśń. Czułem motyle w brzuchu, ciarki przelatywały mi po plecach. Gdy drukowanie się zakończyło, natychmiast wziąłem do rąk swoje dzieło. Pierwszy raz w życiu rozpłakałem się ze szczęścia. Gdy teraz o tym piszę, czuję, że łzy znowu napływają mi do oczu... Pamiętam te emocje, jakby wszystko wydarzyło się przed chwilą. Dziesięć miesięcy przełamywania się i nareszcie skończyłem! Zrealizowałem kolejne marzenie, stałem się nieśmiertelny.

Czasami jesteśmy już o włos od osiągnięcia wymarzonego celu, gdy w ostatniej chwili coś się nie udaje. To jednak nie powód, by się poddać. O porażce można mówić dopiero wtedy, gdy rezygnujemy z podjęcia kolejnej próby.

— Nick Vujicic

Gdy pozytywne emocje opadły, przyszła pora na wydanie książki. Wszystko fajnie, ale jak to zrobić? Nie miałem zielonego pojęcia. Poczytałem trochę i okazało się, że są dwie możliwości. Albo jakieś wydawnictwo mi ją wyda, albo wezmę na siebie wszystkie koszty i na własną rękę będę szukał dystrybutora. Rozpocząłem poszukiwania wydawnictwa. Rozesłałem tekst do kilkunastu wydawnictw. Niestety, nikt nawet mi nie odpowiedział. Stwierdziłem, że wypada się pofatygować osobiście. Umówiłem się na spotkanie z jednym z największych wydawnictw w południowej Polsce. Był piękny dzień, idealny na podpisanie umowy. Przywitała mnie bardzo miła pani, która szybko przeszła do konkretów.

– Czytałam pańską książkę i muszę przyznać, że jest interesująca.

Od razu poznałem po jej zachowaniu, że rozwój osobisty to nie jej tematyka.

– Proszę mi powiedzieć, czy w ogóle interesuje panią tematyka rozwoju osobistego? Bo ja, gdybym miał oceniać książkę o archeologii, mógłbym wyciągnąć pochopne wnioski.

– To faktycznie nie jest mój konik, ale coś tam przeczytałam.

Pomyślałem sobie: *Aha, na pewno.* Następnie zadała mi kilka standardowych pytań: czym się zajmuję i tym podobne. Na końcu usłyszałem:

– A czy jest pan znany, rozpoznawalny w środowisku?

– Będę, po wydaniu tej książki – odpowiedziałem z szerokim uśmiechem.

Porozmawialiśmy dobre dwadzieścia minut. Na końcu usłyszałem:

– Niestety, jest pan za mało komercyjny. Jak już będzie pan bardziej znany, to zapraszamy do współpracy.

Moje ego wystrzeliło: *K***a mać! Przecież to wydanie książki powoduje komercję czy rozpoznawalność! No nic, będę musiał próbować dalej.* Grzecznie podziękowałem i niepocieszony wróciłem do domu. Nie załamałem rąk, tylko kontynuowałem poszukiwania.

Podszedłem do mojej gablotki z książkami i zacząłem przeglądać wszystkie książki. Szukałem, kto je powydawał. Jakieś sześćdziesiąt procent książek, które miałem w gablotce, były wydane przez oficynę specjalizującą się w wydawaniu pozycji o tematyce rozwoju osobistego. KOS – tak się nazywała. Wszystkie te książki zakupiła moja mama. No nic. Poszukam, gdzie mają siedzibę. Jak się okazało, dzieliło mnie od nich dwadzieścia kilometrów. Zadzwoniłem do właściciela, Andrzeja Wójcika.

– Witam serdecznie, nazywam się Dawid Piątkowski i chciałbym u Państwa wydać moją książkę.

– Dzień dobry, zapraszam zatem do naszej siedziby! Pasuje wtorek, godzina dziewiąta?

– Jasne.

– Proszę jeszcze wcześniej przesłać książkę na redakcyjnego maila.

I już? Tak szybko? *Co za fajny człowiek,* pomyślałem.

Wtorek, godzina dziewiąta. Idę podekscytowany do wydawnictwa. Nie mogę się doczekać, jak oceni książkę, bo wcześniej niczego konstruktywnego się nie dowiedziałem.

– Muszę przyznać, że nie spodziewałem się, że jesteś tak młody. Książka świetnie napisana, prostym językiem, bardzo lekko się ją czytało. Nie przypuszczałem, że nauczę się tylu mądrych rzeczy od tak młodego człowieka. Opowiedz, skąd to wszystko wiesz? Jak to się stało, że postanowiłeś ją napisać?

Rozmawialiśmy dwie godziny, cały czas żartując i opowiadając różne anegdoty z życia. Zadałem Andrzejowi jedno, za to bardzo istotne pytanie:

– Czy załatwi mi pan sprzedaż w Empiku?

– Obiecać nie mogę. Ta firma rządzi się swoimi zasadami i nie jest tak prosto się do niej dostać.

A na koniec rozmowy powiedział:

– Z przyjemnością wydam twoją książkę. Kiedy podpisujemy umowę?

– Przejrzę ją i zadzwonię do pana.

– Jasne! To do usłyszenia!

Przeszyło mnie identyczne uczucie jak w chwili, gdy wyjmowałem ciepłą książkę z mojej drukarki. Chciało mi się płakać, ale powstrzymywałem łzy. Duma mnie rozpierała. Byłem niesamowicie szczęśliwy.

Gdy wróciłem do domu, zacząłem się zastanawiać... Skoro książka jest super, to może sam ją wydam. Tylko jak? Przypomniało mi się, że tato mojego przyjaciela, Dariusza Lipka, ma drukarnię. Skontaktowałem się i z nim i bez chwili zawahania postanowił mi pomóc. Została tylko kwestia „poskładania" książki i grafiki. Przeszukałem cały internet. Bardzo mało fachowców zajmuje się redakcją techniczną książek. Gdy już znalazłem kogoś w Warszawie czy Krakowie, to ich ceny za taką usługę były kosmiczne. Zacząłem prosić znajomych, by kogoś polecili. Mój kolega, Maciej Ryszkiewicz, który zajmował się pozycjonowaniem stron kilku moich firm, polecił mi Łukasza Ociepkę.

– On jest naprawdę dobry.

Myślę sobie, że spróbować można. O współpracy z Łukaszem piszę dlatego, że uważam go za mistrza brandingu, grafiki i marketingu. Razem stworzyliśmy kilka dużych projektów, z których największym jest Football Training Center (www.ftc.com.pl). Gdyby nie on, nigdy by nie doszło do stworzenia tak wspaniałej inicjatywy, jaką jest rewolucja polskiej piłki nożnej, wprowadzenie zajęć rozwoju osobistego oraz profesjonalnego przygotowania motorycznego dla młodych zawodników. I gdyby nie jego pomoc przy moich projektach, na pewno nie byłbym w tym miejscu. Za to jestem i zawsze będę mu bardzo, bardzo wdzięczny. Dzięki, Łukaszu!

W krótkim czasie Łukasz zrealizował nasz pierwszy wspólny projekt: książkę pt. „Niemożliwe. Pokonaj Ego. Żyj bez granic". Co do tytułu: długo myślałem nad nim, ale nazwałem moje dzieło „Niemożliwe" dlatego, że wszyscy we mnie wątpili. Moim małym marzeniem było, aby książka znalazła się na półkach Empiku. Poczyniłem wiele starań, więc udało mi się. Inaczej: chciałem, marzyłem o tym, ciężko pracowałem i osiągnąłem to.

Po dwóch miesiącach przypomniało mi się, że miałem zadzwonić do Andrzeja w sprawie podpisania umowy wydawniczej. Umówiłem się z nim kilka dni później. Trochę mi było głupio, ale chciałem go przeprosić, a zarazem podziękować za wiarę i pewność, którą mi dał. Czułem, że muszę tak postąpić. Wchodzę do jego gabinetu...

– Cześć! Bardzo się cieszę, że się znów widzimy!

Kątem oka widzę przygotowaną do podpisania umowę. W ręku trzymam moją książkę, którą chciałem mu wręczyć... Czuję się co najmniej zakłopotany.

– Eee... Andrzeju, chciałem Ci osobiście wręczyć książkę i bardzo podziękować za inspirację.

– Dziękuję! Ale ładna... Co to za autor?

Wtedy dostrzegł moje imię i nazwisko. Nie zapomnę jego wyrazu twarzy. Był zszokowany. Stanął na chwilę jak wryty.

– Czy to ta książka, na którą mieliśmy dzisiaj podpisywać umowę?

Uśmiechnąłem się wymownie. Oczy błyszczały mi jak pięciozłotówki. Jego reakcja na tę wieść również mnie zaskoczyła. Bałem się, że mnie wywali za drzwi.

– Pełny szacunek! Gratulacje! Świetna robota...

Po czym usiadł w fotelu, złapał się za brodę i kiwając głową z niedowierzaniem, powiedział:

– A znalazłeś dystrybutora?

– Tak...

– Będziesz w Empiku?

– Tak...

– Jesteś wielki. Niesamowite. Byłem pewny, że podpisujemy umowę, a ty mi tu z gotową książkę przynosisz. Niemożliwe...

Kilka tygodni później coś mi podpowiedziało: A może wydasz „Niemożliwe" na całym świecie? Bez chwili zastanowienia przetłumaczyłem książkę na język hiszpański, francuski, rosyjski, niemiecki i angielski. Rozszerzyłem swoje marzenie z zostania zapamiętanym w mojej rodzinie do całego świata. Na razie książka jest dostępna na wszystkich kontynentach w formie elektronicznej, ale już wkrótce zamierzam zrobić coś, co wielu osobom i autorom wydaje się absolutnie niemożliwe – czyli dystrybuować ją na pięciu kontynentach w formie papierowej. Spróbuję, a kto mi zabroni?

27. Prelegent, obsesja, redaktor

Sukces jest czymś, co przyciągasz poprzez to, kim się stajesz.

— Jim Rohn

Odkąd tylko pamiętam, zawsze w społeczeństwie obecna była mniejsza lub większa nagonka na ludzi bez studiów, że są – nazwijmy to delikatnie – „mało inteligentni" czy jacyś „niekompletni". Niektórzy ludzie są bardzo dumni, że mają skrót „mgr" przed nazwiskiem. A im większa ranga, jak „dr" czy „prof.", tym bardziej z góry patrzyli na ludzi z samą maturą. Gdzieś głęboko we mnie było takie poczucie, że muszę sobie coś udowodnić. Mimo że nie ukończyłem studiów wyższych, chciałem poprowadzić wykład na wyższej uczelni.

Jakieś pół roku po napisaniu „Niemożliwego" i miesiąc po tej myśli, która mnie nawiedziła, dzwoni do mnie Kristina, moja tłumaczka na język rosyjski.

– Cześć. Czy chciałbyś poprowadzić prelekcję u mnie, w Wyższej Uczelni Handlowej we Wrocławiu podczas światowego tygodnia przedsiębiorczości?

– Eee... Tak!

Myślę sobie, że to NIEMOŻLIWE. Ledwo o tym pomyślałem, a tu telefon z propozycją wystąpienia przed ponad setką studentów, uczniów, rektorów i nauczycieli. Mimo że czułem strach i bałem się tego wyzwania, bardzo chciałem tego doświadczyć. Do tej pory moim największym wystąpieniem było to przed trzema osobami na treningu mentalnym. Ale ponad setka osób? Gorąco mi się robiło na samą myśl.

Choć dobrze radzę sobie z kontrolowaniem emocji, w nowych i ekstremalnych sytuacjach nie jest to takie proste. Najśmieszniejsze jest to, że temat prelekcji brzmiał: „Zmieniając siebie, zmienisz przyszłość", a najważniejszą jej częścią była samokontrola myśli i emocji. Wychodzę na scenę. Grubo ponad sto osób klaszcze. Czuję, jak w moim ciele skacze adrenalina. Nie potrafię się uspokoić. Serce bije tak szybko, jak bym miał zaraz stamtąd uciec. Po przedstawieniu mojej osoby, dostaję mikrofon do ręki.

Zacząłem chaotycznie. Zakręciłem się. Ręka drży mi jak oszalała, tak samo nogi. Czuję to i nie potrafię tego powstrzymać. Po trzydziestu sekundach zapada cisza. Przez kilka chwil nie odzywam się. Wreszcie mówię:

– Przepraszam bardzo, ale mam wielką czarną dziurę w głowie. Dajcie mi, proszę, chwilę.

Sala wybuchła śmiechem. Sam się śmieję, bo już dawno nie było tak, żebym nie potrafił zapanować nad emocjami. Chwilę się pośmiałem sam z siebie, zerknąłem na ściągę i ruszyłem z miejsca. Nieprzerwanie mówiłem przez ponad godzinę. Z każdą minutą szło mi coraz lepiej, czułem coraz większe rozluźnienie. W trakcie wykładu przewidziałem krótki film motywacyjny. Gdy usiadłem na moment i patrzyłem z boku na tę wielką salę, musiałem powstrzymywać łzy szczęścia. Znowu zrealizowałem to,

Światowy Tydzień Przedsiębiorczości. Wyższa Szkoła Handlowa, Wrocław 2014.

o czym marzyłem. Czułem się fenomenalnie. Po wykładzie grupa studentów podeszła do mnie z prośbą o autograf. Pani rektor uczelni pogratulowała mi wykładu, zapraszając jednocześnie do biura na kawę i ciastko. To był świetny dzień.

Niedługo po wykładzie we Wrocławiu postanowiłem, że napiszę drugą książkę, przeznaczoną dla sportowców: „Obsesja doskonałości. Zostań legendą sportu". To był temat dużo łatwiejszy dla mnie, ponieważ sam wiele lat byłem sportowcem. Wiedziałem, jakie występują tu problemy, jakie błędy sam popełniłem itd. Pisząc ją, czułem się jak ryba w wodzie. „Obsesję doskonałości" napisałem w półtora miesiąca. Jak to możliwe, żeby napisać książkę w tak krótkim czasie, poświęcając na nią tylko wieczory? Po prostu nauczyłem się już pisać.

Odkąd pojawiła się na półkach sklepowych, regularnie otrzymuję podziękowania od sportowców za pomoc oraz prośby o trening mentalny z całego świata. Nigdy bym nie przypuszczał, że ktoś może do mnie napisać z podziękowaniami czy poprosić zza oceanu o trening mentalny na pośrednictwem skype'a. Wierzyłem, że moje książki pomogą wielu ludziom poradzić sobie z problemami czy realizować marzenia, ale teraz stało się to faktem. Jest to dla mnie największa nagroda, a zarazem zaszczyt.

Krótko po napisaniu „Obsesji" znowu zapaliła mi się lampka w głowie. *Fajnie by było, gdybym został redaktorem w jakieś gazecie.* Udałem się do Empiku. Wybrałem najciekawsze magazyny i spisałem kontakty do nich. Mój przyjaciel, Kuba, doradził mi, żebym najpierw stworzył tekst, a potem napisał do wydawnictwa, czy są zainteresowani.

Nie pamiętam dlaczego, ale przez miesiąc jakoś nie potrafiłem się do tego zabrać.

Dzwoni telefon.

– Jestem redaktorką naczelną i szukam do współpracy autora. Bardzo spodobała mi się pańska strona internetowa i osiągnięcia. Gratuluję książek. Jestem zainteresowana współpracą.

W tym momencie myślę sobie: No, bez przesady. Znowu tak szybko i łatwo?

– Wie pani... Miesiąc temu myślałem o tym, by pisać teksty motywujące do magazynów. Z przyjemnością się z panią spotkam.

Przyznam szczerze, że to już było dla mnie niesamowite. Kolejne małe marzenie odhaczone.

28. Niepowodzenia

Nie jest ważne, co przydarza ci się w życiu... Ważne jest, jakie przypisujesz temu znaczenie.

— Robert Kiyosaki

Pewnego dnia sprawdzam e-maile, a tam wiadomość od prezesa jednego z najlepszych klubów siatkarskich w Polsce – Jastrzębskiego Węgla. Treść tej wiadomości sugerowała, że poszukuje trenera mentalnego do współpracy i z miłą chęcią by mnie poznał. *Boże... To może być moja życiowa szansa, by zrobić siedmiomilowy krok w rozwoju mojej pasji!* Bez chwili zawahania odpisałem z prośbą o wyznaczenie terminu. Spotkaliśmy się dwa razy, dużo rozmawialiśmy. Generalnie prezes okazał się świetnym człowiekiem. Bardzo inspirującym, z ogromnym dorobkiem sportowym. To był dla mnie zaszczyt. Na trzecim spotkaniu przeszliśmy do konkretów. Chciał, bym poprowadził całą akademię juniorów, zmotywował zarząd, trenerów i najtrudniejszych zawodników z drużyny seniorów. Zapytał:

– Ile chciałby pan zarobić?

– Dwadzieścia tysięcy złotych brutto.

Nie zapomnę jego wyrazu twarzy. Przełknął ślinę ze dwa razy.

– Ale to już jest cena całkowita? Z dojazdem, telefonem, i tak dalej?

– Tak, to całkowita cena za moje usługi.

Trochę mi się głupio zrobiło, że za dużo powiedziałem. Ale gdybym miał porzucić wszystko, co do tej pory robiłem, to ta kwota nie była wygórowana. Powiedział, że przemyśli i się odezwie...

Po niecałym tygodniu telefon i prośba o kolejne spotkanie. Świetnie! Nie zapraszałby mnie, gdyby nie był zainteresowany. Jadę! Wchodzę do biura, sekretarka przynosi wodę i zaczynamy rozmawiać.

– Wie pan... Niestety, ale przyznam, że przeznaczyliśmy na ten cel pięć tysięcy złotych. Czy byłby pan dalej zainteresowany?

– Oczywiście! – mówię bez chwili wahania – Jednak zakres będzie odpowiednio pomniejszony, ponieważ nie mogę porzucić swoich wszystkich zajęć.

– Na pewno się dogadamy – usłyszałem w odpowiedzi.

Po przedstawieniu mojej propozycji zapewnił mnie ponownie, że się odezwie. Tym razem zadzwonił po kilku dniach.

– Chciałbym tym razem ja przyjechać do pana, bo musimy porozmawiać.

Kolejne spotkanie doszło do skutku. Na początku rozmowy był bardzo poważny.

– Czemu taki poważny ton? Czy coś się stało?

Dalej nie wiedziałem, o co chodzi. Po chwili jakby nie wytrzymał i z uśmiechem na twarzy powiedział:

– Przyjechałem, żeby powiedzieć panu osobiście, że podpisujemy umowę. Gratuluję. Mam nadzieję, że współpraca będzie owocna. Zapraszam w przyszłym tygodniu na podpisanie umowy.

Ależ mnie ta wiadomość ucieszyła! To wszystko, co wydarzyło się w zaledwie kilka miesięcy, jest niesamowite!

Przyjeżdżam w umówiony dzień na podpisanie umowy. Wchodzę do sekretariatu i pytam:

– Czy jest pan prezes?

– Będzie do piętnastu minut.

– Dobrze, poczekam.

Przez chwilę rozmawiałem z panią sekretarką. *Ha, ha, hi, hi...* Nagle wchodzi prezes. Wstaję uśmiechnięty, by się przywitać. Widzę po jego minie jednak, że coś jest nie halo.

– Czy przygotowała pani umowę, o którą prosiłem? – powiedział bardzo stanowczym głosem.

– Nie, panie prezesie, nikt mnie o tym nie poinformował.

– Proszę w takim razie jak najszybciej przygotować ją i przesłać panu Dawidowi na e-maila.

Po tej wymianie zdań przeprosił mnie, tłumacząc, że ma zaraz spotkanie. Trochę dziwna ta sytuacja, ale rozumiem, zdarza się. Maila nie otrzymałem do dziś. Sekretarka zbywała mnie kolejnymi terminami, a prezes przestał odbierać telefony. Dlaczego tak się stało? Nie mam pojęcia do dziś. Nauczyłem się tego dnia, że, niestety, ludzkie słowo potrafi być nic nie warte. Dopóki nie masz czegoś na papierze, nie możesz być niczego pewien. Jednak wybaczyłem prezesowi, bo musiał mieć ważny powód, by tak postąpić. Szkoda tylko, że nie powiedział mi tego osobiście.

Sukces jest zdolnością przejścia od jednej porażki do drugiej bez utraty entuzjazmu.

— Winston Churchill

Po małej porażce wpadłem na kolejny pomysł. *A może by tak pomóc charytatywnie jakiejś drużynie?*

Niedaleko mojego domu jest wysokiej klasy klub piłki ręcznej. Myślę sobie, że lepszego miejsca nie znajdę, bo jest oddalony o pięć minut jazdy samochodem od mojego domu. *Rewelacja, jadę.* Odbyłem spotkanie z menedżerem, który albo był nieogarnięty, albo miał bardzo dużo na głowie. Po spotkaniu oznajmił, że jeżeli przekonam głównego trenera, to możemy współpracować.

Odbyłem pierwszy trening mentalny z trenerem po angielsku, bo był obcokrajowcem. Nie było to łatwe, ale dałem radę. Rewelacyjne doświadczenie. Po rozmowie trener wyraził zgodę i stwierdził, że spróbujemy. Wykonałem telefon do menedżera z potwierdzeniem, że rozmowa przebiegła pozytywnie i zapytałem, co jeszcze musimy zrobić, żeby dopełnić to wszystko formalnie? Powiedział, że w takim razie zostało już tylko spotkanie z prezesem. Czekałem, czekałem i czekałem. Po tygodniu czy dwóch dzwonię i pytam, czy umówił spotkanie.

– Aaa! Zapomniałem. Przepraszam, ale mam tyle na głowie...

Nie ma problemu. Sytuacja jednak powtórzyła się chyba z pięć razy, w tygodniowych odstępach. Za każdym razem przepraszał i mówił, że albo zapomniał, albo to, albo tamto. W końcu odpuściłem, bo ileż można zapominać. Nie wykorzystać trenera mentalnego za darmo? Nawet na próbę? Wydaje mi się to niewiarygodne. Ale tak to już jest w tym dziwnym świecie.

Podobnych sytuacji miałem jeszcze kilka. Jak było dobrze, to było dobrze, ale jak zacząłem ponosić porażki, to od razu jedna za drugą. Byłem o krok od współpracy z klubem piłkarskim występującym w ekstraklasie, otarłem się o wystąpienie w gronie najwybitniejszych polskich mówców motywacyjnych. Ponosiłem jedną porażkę za drugą, by ostatecznie zwyciężyć.

29. Football Training Center

Możesz mieć w swoim życiu wszystko, czego chcesz, jeśli tylko pomożesz wystarczającej liczbie ludzi uzyskać to, czego oni chcą.

— Zig Ziglar

Testosteron, przełamywanie barier bólu, pokonywanie własnych słabości i osiąganie najwyższych celów. Tu się czuję jak ryba w wodzie. Pewnego dnia nastąpił swego rodzaju przełom. Coraz więcej sportowców zaczęło do mnie przychodzić na treningi mentalne. Część z nich to piłkarze. Po dwóch godzinach rozmowy uświadamiałem im, że trenują za mało, by stać się wybitnymi. W końcu nie można liczyć na to, że staniemy się doskonali w czymkolwiek, robiąc to półtorej godziny dziennie... Nieważne, czy chcesz zostać mistrzem w robieniu naleśników, sprzątaniu, jeździe samochodem wyścigowym, biznesie czy czymkolwiek innym. Trzeba się temu poświęcić maksymalnie, jeżeli chce się zostać najlepszym na świecie. Rozpocząłem profesjonalne przygotowania motoryczne piłkarzy.

Gdy uświadomiłem sobie, że piłkarze w całej Polsce trenują góra dwie godziny dziennie i to tylko na boisku, znowu doznałem olśnienia. *A może stworzyć akademię czy siłownię dla sportowców? Kocham to robić, potrafię motywować. Mam doświadczenie w treningu sprawnościowym piłkarzy. W końcu spędziłem na treningach wiele lat, ćwicząc u boku takich zawodników jak Kuba Błaszczykowski... To może być dobry pomysł.* Zacząłem się rozglądać za siłownią. Przeszukałem wszystkie oferty w internecie. Jeden lokal za duży, drugi za mały. W jednym za wysoki czynsz, kolejny ma złą lokalizację. I tak w kółko. Nie potrafiłem się zdecydować, nie wiedziałem do końca, jak się za to zabrać. Bałem się zainwestować wszystkie pieniądze, bo nie było mnie już stać na kolejną wpadkę. W końcu umarło to śmiercią naturalną.

Jak rozwalić system? Chciałbym osiągnąć coś wielkiego. Coś takiego, że gdy to zrobię, sam nie będę mógł uwierzyć. Tylko co? Miło, że zrealizowałem te dotychczasowe „małe" marzenia, dobrze, że potrafię kontrolować emocje i jestem przebudzony. Ale muszę sobie udowodnić, że mogę stworzyć coś wielkiego. Nie tylko opowiadać o tym, że wszystko jest możliwe, ale osiągnąć niemożliwe. Tylko co...?

Dzięki tej wewnętrznej rozmowie rozpoczęła się moja największa przygoda w życiu. Poprzeczkę zawieszałem sobie coraz wyżej. Ciągle mi było za mało, bo wiedziałem, że czas ucieka. Chciałem stworzyć coś spektakularnego, nie dla pieniędzy czy sławy, tylko dla własnej satysfakcji, dla wiedzy, że potrafię. Chciałem być praktykiem osiągania niemożliwych rzeczy, a nie tylko teoretykiem. Ale jak to zrobić?

Któregoś dnia zawodnicy poprosili mnie, bym zorganizował im testy szybkości. Pierwszą osobą, która przyszła mi na myśl, był Leszek Dyja – trener przygotowania motorycznego polskiej reprezentacji w sezonie 2012 / 2013. Razem trenowaliśmy pod okiem naszego mentora dr. Jerzego Wielkoszyńskiego kilkanaście lat wcześniej.

– Cześć, Leszek! Kopę lat!

– Cześć, Dawid! Co cię sprowadza do mnie?

– Chciałbym zrobić testy szybkości moim zawodnikom. Robisz jeszcze testy?

– Jasne! Wpadnij do Dobieszowic.

– Super! To do zobaczenia...

Po kilku dniach przyjechaliśmy na testy. Zabrałem ze sobą książki, chciałem je wręczyć Leszkowi i panu Ryszardowi Paruzelowi, który niejednokrotnie udostępniał mi swoją siłownię za darmo. To prawdziwy człowiek sukcesu, z wielkim sercem do zawodników i sportu. Gdy moi podopieczni przechodzili testy szybkości i wydolności, wspominaliśmy z Leszkiem stare czasy i opowiadaliśmy sobie, co u jednego i drugiego słychać. W pewnym momencie rozmowa zeszła na temat stworzenia siłowni.

– Chodzi mi po głowie, żeby stworzyć siłownię dla sportowców, która łączyłaby przygotowanie motoryczne z mentalnym.

– Wiesz, że ja też o tym myślałem!

– Serio?

– Serio! Już od iluś lat ten pomysł chodzi za mną.

Podczas szkolenia. Football Training Center, Zabrze 2015.

– A mi w sumie od niedawna. Powiedz, czy gdybym znalazł jakieś miejsce, to czy chciałbyś ze mną współpracować? Ja jestem dobry w treningu mentalnym, ty w przygotowaniu motorycznym... Może by to połączyć i stworzyć coś sensownego?

– Jasne! Myśl, a jak coś znajdziesz, odezwij się.

Ta rozmowa to był potężny impuls. Okazało się, że Leszek jest trenerem m. in. Łukasza Piszczka i Kuby Błaszczykowskiego. Takie referencje to skarb! Sam musiałbym pracować latami na taką wiarygodność i markę. Gdy połączymy swoje siły, może z tego wyjść coś wielkiego.

Kilka miesięcy później dzwonię do Leszka, prosząc o spotkanie.

– Mamy lokal. Dogadałem się w małym klubie piłkarskim! Co prawda metraż nie jest największy, ale na początek wystarczy.

– Świetnie, od kiedy ruszamy?

– Właściwie to możemy od zaraz, ale chciałbym uściślić kilka rzeczy. Jeżeli mamy to razem zrobić, stawiamy sobie poprzeczkę najwyżej jak to tylko możliwe. Dla mnie celem jest zrewolucjonizowanie polskiej piłki nożnej. Uświadomienie chłopakom, że trzeba trenować po sześć, a nie półtorej – dwie godziny dziennie, żeby stać się wybitnym...

Zacząłem przedstawiać całą moją wizję z najdrobniejszymi szczegółami. O szkoleniach z rozwoju osobistego dla młodzieży, dzieleniu się wiedzą przez internet, by niezamożni piłkarze mogli trenować we własnym zakresie itd. To był bardzo długi monolog. Leszek słuchał mnie ze spokojem, po czym dodał:

– A moim celem jest, by Football Training Center było rozpoznawalną marką na całym świecie, a nie tylko w Polsce.

W tym momencie wiedziałem, że się dogadamy – i tak się stało.

Robienie tego, co sprawia nam przyjemność, jest jedną z największych tajemnic sukcesu finansowego.

— Brian Tracy

Sześć miesięcy po naszej rozmowie Football Training Center jest rozpoznawalną marką w całej Polsce. Profesjonalnie przygotowujemy motorycznie i mentalnie polskich piłkarzy. Byłem przekonany, że nasze przedsięwzięcie będzie skupiało się na zawodnikach z okolicy, ale się myliłem. Skoro mieliśmy referencje Błaszczykowskiego i Piszczka, zaraz po otwarciu zaczęli do nas przyjeżdżać zawodnicy z całej Polski. Nasza akademia stała się ogólnopolską w miesiąc po otwarciu. Niewiarygodny sukces w niewiarygodnie krótkim czasie.

W pełni poświęciłem się temu projektowi „rewolucji polskiej piłki nożnej". Razem z Leszkiem tworzymy właśnie system szkolenia dla zawodników w formie wideo i bloga, które mamy zamiar wrzucać do internetu za darmo. Wierzymy, że dzieląc się wiedzą i doświadczeniem, może nam się udać zrewolucjonizować piłkę nożną w Polsce. W 2016 roku wydamy książkę, w której również podzielimy się tajnikami przygotowania motorycznego i mentalnego. A wszystko po to, by marzenia zmienić w rzeczywistość.

Człowiek z nowymi pomysłami jest wariatem, dopóki nie odniesie sukcesu.

— Mark Twain

Na początku przygody z przygotowywaniem motorycznym piłkarzy, mój podopieczny i obecnie przyjaciel – Piotr Małysiak – był związany jako junior z Górnikiem Zabrze. Po ukończeniu „szkolenia" w klubie miał problemy z motywacją i tak trafił do mnie na trening mentalny. Niedługo po tym rozpoczęliśmy również współpracę w zakresie treningu sprawnościowego. Podczas jednego z nich zapytałem, w jaki sposób poszukuje klubu. Odparł, że w polskiej piłce każdy szanujący się gracz powinien mieć menedżera.

– Na poziomie czwartej czy pierwszej ligi? – zaskoczyło mnie to.

Piłkarze nie potrafią sami wykonać telefonu, by udać się na testy piłkarskie? Musi to za nich robić niańka, która często nie wykonuje swoich obowiązków rzetelnie? Praktycznie każdy zawodnik, który ze mną współpracował, narzekał na swojego menedżera. Nie potrafiłem tego zrozumieć. Zasugerowałem, żeby stworzył własną stronę internetową, która będzie jego wizytówką. Gdy będzie chciał zmienić klub, pomoże mu ona lepiej się zaprezentować. Większość zawodników wysyłała prymitywne CV do klubów, w których chcieliby grać. Jest to mało profesjonalne. Dlatego bez wahania wykupił domenę sygnowaną jego nazwiskiem i stworzył swoją oficjalną stronę.

W trakcie tworzenia projektu Football Training Center wielokrotnie spotykaliśmy się z Leszkiem Dyją. Tworzyliśmy w głowach plany dotyczące przyszłości FTC. Omawialiśmy najdrobniejsze detale, by nasze marzenia miały szansę realizacji. Leszek na jednym z takich spotkań zasugerował, że dobrze byłoby stworzyć program, w którym moglibyśmy zapisywać wyniki testów sprawnościowych naszych sportowców. Początkowo nie potrafiłem sobie wyobrazić, jak miałoby to wyglądać. Ale musieliśmy coś zrobić, bo zapisywanie setkom zawodników wszystkich danych i wyników w formie papierowej to średniowiecze. Nie ma co do tego żadnych wątpliwości. Kilka godzin po rozmowie z Leszkiem przypomniało mi się, że polscy piłkarze nie posiadają swoich stron internetowych. Nie mam na myśli najlepszych, chodzi o to, że nie jest to powszechne. Doznałem olśnienia.

A może stworzymy dla naszych zawodników platformę, dzięki której będą mogli zaprezentować swoją sprawność, umiejętności piłkarskie i ogólne informacje niezbędne do kontaktu z potencjalnym klubem? Każdy zawodnik FTC miałby swoją oficjalną stronę.

Nie musiałem się długo zastanawiać. Zacząłem tworzyć ten projekt z najdrobniejszymi szczegółami. Im więcej czasu mu poświęcałem, tym bardziej do mnie docierało, że to taka minirewolucja w promowaniu i marketingu zawodników. Program nazwałem Pro Player Profile[1] i podzieliłem na dwie części. Pierwsza dostępna jest tylko dla zawodnika – to część prywatna. Sportowcy mają w niej zapisane wyniki wszystkich swoich testów, historię postępu, materiały motywacyjne i edukacyjne z zakresu treningu motorycznego, mentalnego, diety, suplementacji i wiele innych informacji. Część ogólnodostępna to ich oficjalna wizytówka. Zamieściliśmy tam filmy z fragmentami meczów, które czarno na białym pokazują, na jakim poziomie są ich umiejętności. Dodaliśmy również wyniki sprawnościowe i historię postępu, dzięki czemu na pierwszy rzut oka widać, jak poprawia się szybkość, siła i wytrzymałość zawodnika.

Niedługo po stworzeniu Pro Player Profile dla zawodników FTC wpadłem na kolejny pomysł. *Dlaczego nie rozpowszechnić tego na całą Polskę? Kluby, menedżerowie i zawodnicy mieliby świetną bazę danych do zapisywania wyników sprawnościowych i przy okazji wizytówkę każdego zawodnika.* Bezzwłocznie rozpocząłem tworzenie wersji ogólnopolskiej. W trakcie rysowania szkicu tego projektu, wpadła mi do głowy myśl: *A może stworzę taki produkt na cały świat?*

> *Pomysły są powszechnym towarem. Wprowadzanie ich w życie – nie.*
>
> — Michael Dell

Przytoczyłem tę opowieść, by zainspirować Cię do tworzenia kreatywnych pomysłów. Nigdy nie wiadomo, kiedy wpadniemy na jakąś ideę. Gdy nasze umysły są otwarte, możemy tworzyć i osiągać niewyobrażalne rzeczy. Każdy ma wiele oryginalnych pomysłów. Jednak większość z nich zabieramy do grobu. Strach przed porażką zabił wiele moich marzeń. Doskonale to wiem. Kiedyś się bałem, dziś po prostu działam, bo doskonale rozumiem, że bez ryzyka nie ma zwycięstwa.

---

[1] www.proplayerprofile.com

30. Nauczyciel

Tylko ci, którzy nauczyli się potęgi szczerego i bezinteresownego wkładu w życie innych, doświadczają największej radości życia – prawdziwego poczucia spełnienia.

— Anthony Robbins

Szkoła od zawsze źle mi się kojarzyła. Zwyczajnie jej nie lubiłem. Nie interesowały mnie lekcje narzucane przez system oświaty. Chodziłem tam, bo musiałem. Rola nauczyciela, w formie reprezentowanej w szkolnictwie, również nie była spełnieniem moich marzeń. Co innego, gdybym mógł nauczać tego, co kocham. Pomaganie młodym we wznoszeniu się na wyżyny własnych możliwości – to coś dla mnie.

Od początku mojej misji, czyli pełnienia funkcji trenera mentalnego, marzyło mi się, żeby wprowadzić rozwój osobisty do szkół. Jednak nie miałem zielonego pojęcia, jak to zrobić. Już po rozpoczęciu działalności FTC mogłem stworzyć coś na własnych zasadach. Ruszyłem ze szkoleniami z zakresu rozwoju osobistego dla moich zawodników. Mimo to czułem pewien niedosyt, bo zajęcia odbywały się dla wąskiego grona, a w głębi ducha pragnąłem, żeby były powszechne. Dlatego postanowiłem, że wykłady będę nagrywał i podzielę się nimi w YouTube. Niestety, dalej czułem swego rodzaju niezadowolenie, bo uważałem, że to zagadnienie powinno być traktowane na równi z matematyką czy językiem polskim. Nie wiedziałem tylko, jak to zrobić. Kilka tygodni później...

– Widziałem w internecie pańskie szkolenia. Imponujące. Bardzo nam zależy, żeby poprowadził pan lekcje rozwoju osobistego w naszej szkole sportowej. Czy byłby pan zainteresowany? – usłyszałem w rozmowie telefonicznej z prezesem GTV Stadion Śląski.

Nie mogłem w to uwierzyć. Tak szybko? Chciałem i mam? Niesamowite... Dyrektor szkoły obdarzył mnie zaufaniem, mogę prowadzić lekcje na własnych zasadach. Nikt nie narzuca mi, co i jak mam robić. Rewelacja. Na samą myśl, że będę mógł inspirować młodych ludzi do realizowania marzeń, robiło mi się ciepło na sercu. Wierzyłem, że to pierwszy i zarazem bardzo ważny krok na drodze do tego, by rozwój osobisty stał się powszechny w całej Polsce.

Rozpoczął się kolejny rozdział w moim życiu – rola nauczyciela.

Prawdą jest, że chciałbym wykładać również na uczelni wyższej. Kłopot w tym, że nie skończyłem studiów. Kierunki, które mnie interesowały, miały trzy atrakcyjne przedmioty, a dziesięć nieprzydatnych – stwierdziłem, że nie będę marnował czasu. Wolę go poświęcić na naukę w samotności, czytanie książek, wyszukiwanie materiałów w internecie, a następie wdrażanie ich w praktykę. Kilka dni po telefonie od prezesa GTV Stadion Śląski spotykam się z ich trenerem i członkiem zarządu w jednej osobie.

Rozwój osobisty na regularnych lekcjach w szkole, listopad 2015.

– Mam dla ciebie ciekawą propozycję. Może chciałbyś wykładać na AWF-ie? Widziałem twoje wykłady i uważam, że warto podzielić się taką wiedzą ze studentami. Poszukuję eksperta z zakresu treningu mentalnego i przygotowania motorycznego. Byłbyś zainteresowany?

Warto było pracować po osiemnaście godzin na dobę. Dziś już wiem, że realizacja marzeń jest tylko kwestią czasu. Nie potrzebuję już nadziei, że będzie dobrze. Nie potrzebuję wiary w lepsze jutro. Świadomie i z premedytacją realizuję marzenia. Wiodę życie moich marzeń.

31. Uwierz. Walcz. Zwyciężaj!

Nikt nie wie, dokąd go zaprowadzi droga, póki nie stanie u celu.

— John Ronald Reuel Tolkien

Gdybym nie poznał mojego mentora, śp. dr. Jerzego Wielkoszyńskiego, który sprowokował mnie do myślenia, to najprawdopodobniej byłbym zwyczajnym człowiekiem z problemami, który wykonuje jakąś pracę, bo musi, zamiast realizować pasję i marzenia z pozycji serca. Gdyby nie turnieje w Nigerii i Ghanie, nie zrozumiałbym, że nie mam powodów do zmartwień i nie wypada się czymkolwiek przejmować, bo inni ludzie mają naprawdę ciężkie życie. Gdyby nie duchowe przebudzenie, nie wiedziałbym, czym jest ego, i nie potrafiłbym go pokonać. Gdyby nie śmierć przyjaciela, nie doceniłbym wartości, jaką jest sam fakt istnienia na tej planecie. Nie zamieniłbym teorii bycia świadomym w praktykę. Gdyby nie bankructwo taty, nie usamodzielniłbym się tak szybko i nie realizował w pasjach. Gdyby nie moje bankructwo, nie pracowałbym tak ciężko jak wtedy, gdy zostałem do tego zmuszony. Gdyby nie decyzja o byciu trenerem mentalnym, nie pomógłbym setkom osób. Gdyby nie choroba nowotworowa mamy, nie wierzyłbym, że nawet z najbardziej beznadziejnych sytuacji da się wyjść. Gdyby nie książka pt. „Niemożliwe", nie dawałbym wykładów, nie byłbym redaktorem, nie zmieniłbym życia na lepsze tysiącom osób. Nie uwierzyłbym, że wszystko jest możliwe. Gdybym nie napisał „Obsesji doskonałości", nie pomógłbym setkom sportowców wznieść się na wyżyny ich możliwości. Nie stworzyłbym Football Training Center. Gdyby nie FTC, nie zostałbym nauczycielem i wykładowcą na wyższej uczelni. Gdyby nie te wszystkie doświadczenia, zarówno negatywne, jak i pozytywne, nie napisałbym tej książki.

Życie może być fantastyczną przygodą. Nie wiemy, gdzie nas ostatecznie poprowadzi i to jest w nim najpiękniejsze. Życie jest krótsze, niż może się wydawać, dlatego pracuj ciężko, by urzeczywistnić swoje marzenia. Życie poświęcone realizacji najwyższych celów ma wyjątkową wartość. Czujesz, że żyjesz. Wiesz, że możesz wszystko, ale nic nie musisz. Teraz moje życie nabrało niesamowitego rozpędu. Nie potrzebuję już wiary, by realizować wielkie zamiary. Po prostu to wiem.

Ci, którzy są wystarczająco szaleni, by myśleć, że są w stanie zmienić świat, są tymi, którzy go zmieniają.

— Steve Jobs

Nie da się wszystkiego przewidzieć, ale mam kilka marzeń, które na pewno zrealizuję. Mama przekazała mi bardzo wiele wartości, a jedną z nich jest dzielenie się z innymi. Im więcej osiągam, tym bardziej czuję się zobowiązany, by pomagać. Chciałbym jeszcze w tym roku odwiedzić kilka domów dziecka, by inspirować, motywować i edukować młodych ludzi. Docelowo chciałbym poświęcić dzieciakom przynajmniej jeden dzień w miesiącu. Czuję gdzieś głęboko w sercu, że muszę, więc to robię. Tak samo chcę pomagać więźniom, którzy gdzieś na swojej drodze życiowej zbłądzili. Pokazać i udowodnić im, że można żyć inaczej, lepiej, z pasją.

W przyszłym roku rozpocznę budowę osiedla na ponad pięćdziesiąt domów. Tata dał pomysł, zorganizował wspólników, wystarczyło zaryzykować. Jest szansa na zarobienie nieco większych pieniędzy, które zamierzam wykorzystać na rozwój osobistych zamierzeń i pasji – m. in. budowę profesjonalnego ośrodka przygotowania motorycznego i mentalnego dla sportowców.

Mam wielkie marzenia. Chciałbym wystąpić jako prelegent na stadionie przed wielotysięczną publicznością. Nie po to, by być sławnym czy dla pieniędzy. Chciałbym wyjść i powiedzieć, że o tym marzyłem, że warto mieć marzenia i ze wszystkich sił dążyć do ich realizacji. Przekazać, że każdy ma w sobie moc, dzięki której może wznieść się na wyżyny swoich możliwości, które są nieograniczone. Chciałbym to głośno wykrzyczeć. Dać ludziom mocny impuls, by ruszyli z miejsca, przestali się bać podejmować decyzje, bać się porażki, bać się żyć. Na samą myśl o tak śmiałym planie ego wywołuje we mnie strach, ale wierzę, że pewnego dnia dostąpię tego zaszczytu i dam radę.

Moim największym marzeniem, które wydaje się najbardziej niemożliwe, jest stworzenie czegoś tak wielkiego jak Apple. Steve Jobs stworzył firmę z kolegami w garażu, więc dlaczego mi miałoby się nie udać? Nie mam pojęcia, co się stanie, ale wiem, że chciałbym zmienić ten świat na lepszy. Wiem również, że będę potrzebował do tego niesamowitej drużyny. Dwie osoby już znalazłem, ale poszukiwania trwają nadal. Nie wiem co, jak, kiedy ani z kim. Za to wierzę, że mi się uda. Wierzę, że osiągnę niemożliwe.

Posłowie

Najlepszą metodą przewidywania przyszłości jest jej tworzenie.

—Peter Drucker

Kiedyś myślałem, że aby coś osiągnąć w życiu, trzeba odkryć jedną rzecz, w której jesteśmy naprawdę dobrzy, bo gdy rozwijamy się wielokierunkowo, tak naprawdę niczego nie robimy doskonale. No i najważniejsza rzecz – niezbędne jest szczęście. Dziś już nie podpisałbym się pod tym.

Dzięki temu, że rozwijałem się wielowymiarowo, stworzyłem unikatowe projekty: utworzyłem Football Training Center, jestem autorem, nauczycielem, redaktorem, wykładowcą oraz trenerem mentalnym i przygotowania motorycznego sportowców. Gdyby nie doświadczenie, obcowanie podczas treningu z mentorem oraz najlepszymi piłkarzami polskimi, gdyby nie rozwój osobisty, nie stworzyłbym FTC i nie zrealizowałbym wielu marzeń, które spełniły się dzięki mojej wszechstronności. Łatwo połączyć te fakty teraz, lecz arcytrudne jest zaufać sobie. Podążając za pasjami i ciężko pracując, w końcu osiągniesz coś fenomenalnego. Wiara w swoje możliwości to podstawa.

Napisałem tę książkę, byś zrozumiał, że marzenia są możliwe do zrealizowania, a każdy problem do pokonania. Wybitne osiągnięcia nie są czymś niemożliwym. Wymagają poświęcenia, determinacji, ciągłego samodoskonalenia i – przede wszystkim – ciężkiej pracy, która wcale nie musi być taka uciążliwa, gdy robimy to, co kochamy. Chciałbym, żebyś uwierzył w siebie i zrozumiał, że osiąganie znaczących celów to kwestia wyboru.

W każdym człowieku kryje się niesamowity potencjał, który daje nieograniczone możliwości. Odkrywając go, staniesz przed wyborem – kim chciałbyś być i co chciałbyś osiągnąć. Przełam się i świadomie pokonaj ego – automatyczne myśli, emocje i nawyki. Wygrywając z samym sobą zrozumiesz, że możesz być kim chcesz. Zmieniając siebie, zmienisz przyszłość. Życie może być wspaniałą przygodą, a to, czy nią będzie, zależy tylko i wyłącznie od Ciebie.

PROFESJONALNE PRZYGOTOWANIE
MOTORYCZNE I MENTALNE PIŁKARZY
SZTUKA TWORZENIA
RZECZYWISTOŚCI
Dawid Piątkowski
NIEMOŻLIWE
Dawid Piątkowski
OBSESJA
ZOSTAŃ LEGENDĄ SPORTU
DAWID PIĄTKOWSKI
UMYSŁ MILIONERA
DROGA DO WOLNOŚCI FINANSOWEJ
Dawid Piątkowski
WYBITNOŚĆ
TO KWESTIA WYBORU
Dawid Piątkowski
Dawid Piątkowski

BĄDŹ NA BIEŻĄCO!

SZKOLENIA

INSPIRUJĄCE FILMY

WSKAZÓWKI

@dawidpiatkowskicom

@DawidPiatkowski

Dawid Piątkowski